劳模精神导论

主　编　陈必华　淦爱品
副主编　逯　改　张荣富

上海交通大学出版社

内容提要

本书对劳模精神进行了深入的分析。全书共分五章。第一章介绍劳模形象的历史变迁；第二章结合职业道德建设，对爱岗敬业精神进行了深入阐释；第三章介绍了现代产业中的劳模及其在开拓创新方面的引领作用；第四章介绍了劳模文化对社会主义精神文明建设的积极促进；第五章探讨了劳模精神在新时代的内涵和表现。本书能够帮助广大读者理解和思考劳模精神的思想内涵，树立劳动光荣的崇高理念，培养读者爱岗敬业的劳动热情，激发求是创新的创造潜能，也可作为高校开展思想政治教育工作的参考教材。

图书在版编目(CIP)数据

劳模精神导论/陈必华，淦爱品主编. —上海：上海交通大学出版社，2020(2024 重印)
ISBN 978-7-313-22931-1

Ⅰ. ①劳… Ⅱ. ①陈…②淦… Ⅲ. ①劳动模范—文化研究—中国
Ⅳ. ①D412.6

中国版本图书馆 CIP 数据核字(2020)第 026104 号

劳模精神导论
LAOMO JINGSHEN DAOLUN

主　　编：陈必华　淦爱品
出版发行：上海交通大学出版社　　地　　址：上海市番禺路 951 号
邮政编码：200030　　电　　话：021-64071208
印　　制：上海盛通时代印刷有限公司　　经　　销：全国新华书店
开　　本：710mm×1000mm　1/16　　印　　张：12.5
字　　数：189 千字
版　　次：2020 年 3 月第 1 版　　印　　次：2024 年 1 月第 3 次印刷
书　　号：ISBN 978-7-313-22931-1
定　　价：45.00 元

序　言

习近平总书记在党的十九大报告中指出:“建设知识型、技能型、创新型劳动者大军,弘扬劳模精神和工匠精神,营造劳动光荣的社会风尚和精益求精的敬业风气。”大力弘扬劳模(工匠)精神,充分发挥劳模(工匠)示范引领作用,既是培养中国特色社会主义建设者和接班人的必然要求,也是我国经济社会发展的现实需要。

在我国,劳模精神的内涵经历过三个阶段的演化。一是萌芽阶段。这是指革命时期的劳模精神。其内涵是:以爱党拥军和大无畏的革命英雄主义为鲜明底色,以热爱劳动和高度的主人翁责任感为崭新面貌,以创造精神及掌握娴熟的技能为内在需求,以艰苦奋斗、自力更生、埋头苦干为行事作风,以争创一流、无私奉献、团结群众为品格特色。二是发展阶段。这是指新中国成立以后三十年的劳模精神。其内涵表现为:以坚定理想、忠党爱国、服从组织为崇高信念,以自强不息、艰苦创业、奋发图强为优秀基因,以爱岗敬业、忘我劳动、多作贡献为品质标准,以团结协作、勇于革新、淡泊名利为价值追求。三是成熟阶段。这是指改革开放以来的劳模精神。其内涵体现为:以爱岗敬业为基础,以争创一流为灵魂,以艰苦奋斗为本色,以勇于创新为核心,以淡泊名利为境界,以甘于奉献为底色。这三个阶段,劳模精神的内涵虽然有所不同,但核心价值没有变,都深刻体现了爱国奉献、勤劳勇敢、自强不息的民族精神,诠释着改革创新、奋勇争先、争创一流的时代精神,它是中国精神的重要组成部分,是中国特色社会主义文化自信的重要来源。

劳模的精神和力量有其时代的特点、内涵和价值。劳模是时代精神的引领者，劳模精神是一个民族特定时期的核心价值和思想道德的标杆，深刻地揭示了时代思想和人文精神的内核。因此，我们要以习近平新时代中国特色社会主义思想为指导，立足新时代中国特色社会主义的伟大实践，全面系统理解劳模精神的科学内涵，把握其时代价值和意义。高等学校应努力成为劳模（工匠）精神的研究者、宣传者、践行者，在高校践行劳模（工匠）精神，就要把其融入课堂教学、社会实践的具体环节之中，要通过举办劳模事迹报告会，开设劳模大讲堂，聘请劳模工匠担任兼职教授、德育导师等形式，推动劳模精神和工匠精神进学校、进教材，不断探索弘扬劳模（工匠）精神的好方法和新模式。

上海城建职业学院是上海乃至全国最早开展劳模育人的高校之一，早在1983年，学校前身之一的上海工会管理职业学院就开设了“劳模班”，多年来不断探索实践，传承“劳模育人导师制”，共有260多名劳模走进校园，为新生上“大学第一课”，每年都有40余名劳模成为学生的德育老师、专业导师和就业导师，高少萍、王军、赖水顺、陈宝莲等80多位全国知名劳模被我校聘为劳模导师。这一制度深化了劳模精神对校园文化建设的引领作用，打造了劳模导师在职业教育和品德教育方面的品牌效应。

党的十九大以来，面对更高的办学目标和追求，我校注重人才培养模式创新，将传承和弘扬劳模精神融入人才培养的全过程。2017年12月成立了“新时代劳模（工匠）精神教育中心”和“新时代劳模精神研究所”，并聘请22位劳模作为学校特聘教授，还对应每个专业都建立了劳模育人实践基地，充分发挥劳模（工匠）精神在人才培养中的引导、示范和辐射作用。2018年，学校开设了全国首个“劳模（工匠）精神教育实验班”，并以此为班底组建了“走近劳模实践团”，获得了2018年“知行杯”上海市大学生社会实践项目大赛二等奖。上海城建职业学院围绕“立德树人”的根本任务，在积极推进劳模（工匠）精神育人新体系建设方面做了大量工作，取得了可喜成效，为我校建设国内领先、国际有影响力的建设与管理类应用技术型高校提供了强大的精神动力，也为构建新时代高校育人新体系提供了实践支撑和参考。

上海城建职业学院为了更好地总结多年来在劳模（工匠）精神育人新体系方面的工作经验，也为了使此项工作成为具有思想性、理论性、知识性和操作性的行动指南，特编著了“劳模教育丛书”。丛书讲述了革命、建设、改革各个时期一个个直击心灵的劳模故事，饱含着劳模们对国家、对民族、对社会的强烈的责任感，仿佛让我们穿越了时空，化身为光阴的使者，倾听他们的故事，感受他们炽热的情愫和家国情怀。

本丛书既有对劳模精神的历史回顾和理论阐述，又有许多劳模的精彩人生经历，旨在帮助广大读者理解和思考劳模精神的思想内涵，树立劳动最光荣、劳动最崇高、劳动最伟大、劳动最美丽的理念；能够从本职工作出发，胸怀全局，焕发劳动热情，释放创造潜能，成为新一代劳模精神的倡导者和践行者。

这套丛书的出版，在上海城建职业学院劳模精神育人工作中具有里程碑意义，也为上海高校思政工作提供了鲜活教材。上海城建职业学院探索劳模精神育人的一些经验，可供同类院校借鉴，也希望得到广大同行的指导和支持，共同推动劳模(工匠)精神育人取得更大成效。

上海城建职业学院党委书记

诸　敏

2019 年 6 月 30 日

目　　录

第一章　波澜壮阔——劳模形象的历史变迁 / 1

第一节　劳模与工人阶级 /1
第二节　劳模群体发展的变迁轨迹 /19
第三节　时代嬗变过程中的劳模特征 /24

第二章　爱岗敬业——职业道德建设中的劳模精神 / 39

第一节　爱岗敬业的伦理性认知 /39
第二节　爱岗敬业精神的社会需求 /51
第三节　爱岗敬业精神的强化与实践 /69

第三章　领军人才——产业发展中的劳模作用 / 79

第一节　现代产业发展中劳模产生的必然要素 /79
第二节　劳模在现代产业发展中的功能 /94
第三节　现代产业发展中劳模价值的评判标准 /104

第四章　超凡名片——社会主义文化建设中的劳模品牌 / 113

第一节　社会主义文化建设中的劳模文化 /113

第二节　劳模品牌的文化符号 /128
第三节　劳模品牌的价值 /141

第五章　日新月异——劳模精神的时代价值取向 / 155

第一节　劳模精神与中国梦 /155
第二节　劳模精神与社会主义核心价值观 /166
第三节　时代新风与新时代劳模的特质 /181

参考文献 /189

第一章
波澜壮阔——劳模形象的历史变迁

第一节　劳模与工人阶级

在推动中国革命、建设和改革的伟大历程中，一代又一代的中国工人阶级以自己的先进行动发挥了中流砥柱的作用，体现了崇高的精神风貌，其中部分群体起到先锋模范作用，他们就是不同时期的劳动模范。劳模是工人阶级的优秀群体，是建设中国特色社会主义的强大力量。在我国经济发展和社会进步所取得的伟大成就中，凝结着包括劳动模范在内的工人阶级的无私奉献和创造性劳动，铭刻着工人阶级的伟大品格和劳模的奉献精神。

一、从劳模运动说起

在我党历史上，最早的劳模诞生于20世纪30年代初期，而劳模运动是党中央在领导陕甘宁边区新民主主义建设特别是生产建设中所采用的一种重要的方法。劳模运动的开展，为边区群众发挥聪明才智提供了舞台，大大提高了劳动人民的思想觉悟和劳动热情，推动了生产建设事业的发展，对边区经济恢复与发展发挥了重要作用，对我国的经济建设和社会发展作出了不可估量的贡献，劳模运动成为中国历史上的一个创举。

抗日战争时期，陕甘宁边区为了解决严重的经济困难，采取了很多方法，其中影响较大且别具特色的就是劳模运动。劳模运动旨在发展边区各项生产，教育广大群众以新的劳动姿态对待生产，提高群众的生产热忱，对增强抗战力量、巩固党的群众基础、提高人民群众的组织程度，起了积极的作用，对当时其他根据地乃至新中国的建设都产生了广泛的影响。

劳模运动的开展，是由当时陕甘宁边区所处的环境和历史条件决定的。陕甘宁边区地处陕西、甘肃和宁夏的交界处。陕甘宁边区自然条件恶劣，交通不便，生产力低下。边区是党中央所在地，是解放区的政治、军事、文化中心，财政开支非常浩大。抗战初期，陕甘宁边区和八路军、新四军的财政收入，大部分来源于国民政府调拨以及华侨、国际友人的捐赠。抗战进入相持阶段后，特别是从1940年起，国民政府不仅完全停发军饷，而且对陕甘宁边区实行军事包围和经济封锁，断绝边区的一切外援，陕甘宁边区的财政难以维持。非生产人口的增加是造成边区财政困难的主要原因之一。因非生产人员增加，购粮款大幅度增长，一度占年财政收入的18.86%。边区政府连年赤字，医疗、生产等所需物品严重困乏①。毛泽东曾说："最大的一次困难是在一九四〇年和一九四一年，国民党的两次反共摩擦，都在这一时期。我们曾经弄到几乎没有衣穿，没有油吃，没有纸，没有菜，战士没有鞋袜，工作人员在冬天没有被盖。"②面对这样艰苦的发展环境，边区政府意识到，只有发扬自力更生、艰苦奋斗的精神，才能改变边区的落后面貌。劳模运动的目的在于"凭借这些骨干分子去提高中间分子，争取落后分子，不断提拔在斗争中产生的积极分子，来替换原有骨干中相形见绌的分子，或腐化分子，以实现党的政治与社会整合目标"。③ 因此，边区抗日根据地劳动英模群体的出现正是根据地极端严峻的经济困境下生产运动的产物，其产生与发展经历了以下三个阶段：

（一）起步阶段

劳动英模诞生于20世纪30年代初期苏区公营企业中。1933年8月，

---

① 西北财经办事处：《抗战以来的陕甘宁边区财政概况》，1948年2月18日，见《抗日战争时期陕甘宁边区财政经济史料摘编》（下称《史料摘编》）第六编《财政》。

② 《毛泽东选集》（第3卷），人民出版社，1991年版，第892页。

③ 《毛泽东选集》（第3卷），人民出版社，1991年版，第898页。

中央苏区各厂矿企业开展劳动竞赛，提出比数量、质量、成本等内容的竞赛目标，按时评选模范，表彰先进并给予精神和物质奖励①。从1937年到1943年，日伪不断骚扰、侵犯陕甘宁边区，国民党当局对陕甘宁边区的经济封锁也日益加剧，给边区的财政、工业生产和人民生活造成了极大的困难。为了调动科技、生产人员的积极性，创造应用型技术，1938年，边区政府举办了"延安工人制造品竞赛展览会"，奖励并宣传了一批先进工厂、合作社及劳动英雄，闭幕时，毛泽东到会讲话，把奖品发给优胜者。展览会结束后，组委会给获奖单位和个人发了奖，毛泽东在奖状上题词："国防经济建设的先锋"。由此开始了边区的劳模运动，从而刺激了群众的生产热情，但当时并未组织生产运动，只是一般的提倡。

劳模的示范带头作用主要表现在"他们创造了超过一般人的劳动标准和工作标准，影响和推动其他群众向他们学习，向他们看齐，把高的标准逐渐普及，把低的标准逐渐提高，使生产和工作不断进步"②。因此，必须在群众中抓住积极分子，培养一个在运动中堪为表率的人物，发挥其在生产运动中的组织带头作用。1939年，陕甘宁边区开始大生产运动，为进一步推动各级生产运动，边区政府相继公布了《陕甘宁边区人民生产奖励条例》《督导民众生产运动奖励条例》和《机关、部队、学校人员生产运动奖励条例》。这些条例规定：凡边区人民在生产运动中有特殊成绩者，各级政府、民众团体和其他领导民众生产运动之机关及其负责人在督导民众生产运动中有特殊成绩者，均可按条例规定呈请奖励。这是边区政府首次明确规定劳动英雄称号是对人民生产的精神奖励之一，为此后开展的大规模劳动英雄评选活动奠定了基础。《陕甘宁边区群众机关生产工作的初步总结报告提纲》指出：1939年完成生产任务的一个重要原因是组织上造成一个热烈的生产运动，党政军民自上而下一致动员起来进行生产，创造出大批劳动英雄，在名誉上和物质上奖励劳动英雄是实现目前生产工作中心任务的几项重要方

① 中央苏区工运史征稿协作小组编著：中央革命根据地工人运动史，改革出版社，1989年版，第80页。

② 陕甘宁边区财政经济史政编写组，陕西省档案馆：《抗日战争时期陕甘宁边区财政经济史料摘编》（第一编.总论），陕西人民出版社，1981年版。

法之一[①]。这一段话反映了边区政府当时的政策取向，劳模运动的开展得到了政策支持，受到奖励的劳动英雄数量较多，但因当时的经济建设存在较多盲目性，思想认识与发展生产政策不明确，以致劳动英模政策未能认真贯彻，因此，未能发挥其应有的作用。

（二）发展阶段

1941 年边区开展五一劳动大竞赛，共评选出 274 位劳动英雄。1942 年，随着大生产运动的进一步开展，劳动模范不断涌现。1941 年 4 月 30 日，延安《解放日报》发表了题为《边区农民向吴满有看齐》的社论，号召边区农民向吴满有看齐，发展生产，各地纷纷开展了学习吴满有运动。在吴满有的带动下，生产上本没有特殊有利条件的吴家枣园成为“全边区开荒最多，增产粮食最多的第一个模范村”[②]。吴满有是延安县柳林区吴家枣园的农民，他“地种得多，荒开得多，粮打得多，缴公粮踊跃争先，数量既多，质量又好，是个抗属，模范的农村劳动英雄”[③]。吴满有所在乡的农民因为向吴满有看齐，全乡就多开了一百八十垧荒地。1942 年 9 月 11 日，《解放日报》发表题为《向模范工人赵占魁学习》的社论，社论指出：“赵占魁……这种新的劳动态度是值得宝贵的，值得大大发扬的，值得我们学习的，我们希望全边区有千个万个像赵占魁一样的模范工人涌现出来。”赵占魁是边区农具厂的司炉工，他吃苦耐劳、技术精湛、团结工友、爱护工厂、忠于革命，是模范的产业工人，毛泽东称他为“中国式的斯达汉诺夫”，并为他题词“钢铁英雄”。1943 年，毛泽东在西北局召开的高干会议上专门论述了学习劳模的重要意义，并在两次劳动英雄表彰大会上作了《组织起来》和《经济问题与财政问题》的报告，报告肯定了学习吴满有运动可以改进农业生产，使农民富裕，支援抗战；学习赵占魁运动有利于提高工人的劳动积极性，改善工厂的组织与管理，克

---

① 陕西省档案馆等编：《陕甘宁边区政府文件选编》第 1 辑，档案出版社，1986 年版，第 207、237、488、492 页。

② 陕甘宁边区财政经济史编写组，陕西省档案馆：《抗日战争时期陕甘宁边区财政经济史料摘编》（第二编・农业），陕西人民出版社，1981 年版，第 803－804、773、435、477、793 页。

③ 莫艾：《模范英雄吴满有是怎样发现的》，《解放日报》1942 年 4 月 30 日。

服工厂机关化与纪律松懈状态。毛泽东还向时任中央职工运动委员会书记邓发指出："奖励赵占魁这件事做得很好，这不是奖励一个人的问题，而是全边区和其他根据地提高生产、改进工作的新生事物。"①1943 年 2 月 1 日，边区政府授予马丕恩、马杏儿父女"边区劳动模范""妇女劳动英雄"的光荣称号，颁发了嘉奖令，号召边区人民向马氏父女学习。在当时的历史条件下，这些劳模多是由政府指定，难以充分调动广大群众的参与热情，不能充分发挥劳动英雄和模范工作者的作用，因而还未形成真正的群众运动。

1943 年《陕甘宁边区劳动英雄和模范工作者大会及其代表的选举办法》规定，劳动英雄和模范工作者必须从农村、工厂、合作社、部队、机关和学校各部门各单位召开的全体人员会议上选举产生②。"要求以各分区为单位，不属分区管辖的部队机关以延安党、政、军三大系统为单位。召开各单位的劳动英雄与模范工作者会议，按劳动英雄与模范工作者的各项规定名额及标准选举出席全边区劳动英雄及模范工作者大会的代表。"③1943 年 11 月 26 日，边区政府召开第一届劳动英模大会，劳动模范由过去的政府指定改为选举产生。本次大会出席代表 185 名，奖励特等劳动英雄 25 名，甲等 34 名，乙等 8 名。中共中央、西北局和边区政府的主要领导人先后参加了大会，并作了重要的讲话或报告。1943 年 11 月 29 日下午，毛泽东等党中央领导在杨家岭大礼堂接见并宴请了全体代表。接见时，毛泽东作了《组织起来》的报告，高度评价了劳动英雄们的作用，赞扬了劳动英雄和模范生产工作者的光荣成绩，称赞他们是"人民的领袖"。边区政府向全边区人民提出"耕三余一"的伟大号召，代表们积极响应这一号召，并表示：1944 年要加劲生产，要多打粮食。政府提出"耕三余一"的任务，我们要加倍努力，做到"耕二余

---

① 陕西省总工会工运史研究室编：《陕甘宁边区工人运动史料选编》(下)，工人出版社，1988 年版，第 591 页。

② 陕甘宁边区劳动英雄和模范工作者大会及具代表的选举办法，《解放日报》，1943 年 10 月 14 日。

③ 陕甘宁边区参议会常驻会：《陕甘宁边区政府委员会关于召开劳动英雄和模范工作者大会及生产展览大会的决定》，《陕甘宁边区抗日民主根据地(文献卷·下)》，北京：中共党史资料出版社，1990 年版，第 375 页。

一”，种两年的庄稼，要剩余一年粮食[1]。边区政府颁布的奖励条例和开展的各种奖励活动，充分体现了劳动人民翻身作主及其在生产建设中的伟大作用，极大地调动了人民群众的生产积极性，树立了一批先进典型，劳动英模运动进入快速发展阶段。

（三）成熟阶段

从1944年1月开始，《解放日报》开辟了“边区生产运动”专栏，系统介绍著名劳模的典型材料。边区政府还重申了《陕甘宁边区人民生产奖励条例》，号召“调查历年来农业生产中的劳动英雄并予以奖励”；1944年7月，有11名模范县长、20名区长、7名乡长、11名民政工作者、41名财政经济建设及生产战线上的工作者、23名自卫防奸干部、19名文化教育者、5名贸易金融干部、5名司法行政干部、5名医药卫生技术工作者受到奖励[2]。1944年2月9日，边区政府要求各专员各县市长调查历年来农业生产中的劳动英雄并予以奖励，要求各地先选择最优良者于春耕期间给奖，其余暂来不及普遍奖励者可在调查登记后于本年各分区举行农展会时给奖[3]；1944年5月，职工代表大会奖励了200余位特等及甲等劳动英雄。随后，边区参议会常驻会第十一次会议和边区政府第五次会议于1944年7月共同作出《关于今冬召开劳动英雄、模范工作者大会及生产展览大会的决定》；又于7月17日发出《对一年来生产、教育、拥军、防奸运动中之模范干部和不好干部分别奖惩》的命令。

为了总结劳模运动和边区生产运动的经验，1944年12月22日，边区政府召开了劳动英雄与模范工作者大会，出席会议的代表共476人，比第一届增加了两倍多，会议评选出特等劳模74名，甲等200名，乙等189名以及模范单位14个，并给予奖励。毛泽东同志在会上发表了《必须学会做经济工

---

① 延安市志编纂委员会：《延安革命根据地志》（第四章），延安大生产（第六节）英雄大会，陕西人民出版社，1994年版。

② 延安市志编纂委员会：《延安革命根据地志》（第四章），延安大生产（第六节）英雄大会，陕西人民出版社，1994年版。

③ 陕西省档案馆：《陕甘宁边区政府文件选编（第8辑）》，档案出版社，1986年版，第63页。

作》的重要讲话。他充分肯定了劳动英雄和模范工作者的作用，高度赞扬了劳模的创造精神，特别是他们在生产战线上起了“带头、骨干和桥梁”作用。陕甘宁边区政府民政厅厅长刘景范在会上作了《更加推广劳动英雄和模范工作者的运动》的总结报告，系统总结了边区开展劳动英雄和模范工作者的经验，指出今后的努力方向。毛泽东之所以重视劳模表彰，是因为劳模不仅具有生产技能和革命干劲，而且具有热爱政府、忠诚于党的道德情操，在危机四伏、困难重重的战争年代，是党争取群众、取得革命胜利的必要条件。1944 年，劳模生产运动取得了巨大成就。农业方面，全边区增产细粮 20 余万石，机关、学校产细粮近 10 万石。除了边区军需民食外，可结余粮食 28 万石，连同前几年的结余，边区积存粮食达 70 万石以上。棉花产量达 300 万斤，可以织布 150 万匹，自给率达到 2/3。工业方面，军民生活所需的毛巾、肥皂、火柴、纸张、陶瓷、卷烟、袜子等全部或大部分可以自给。重工业与化学工业方面，能够炼铁、炼油、修造机器、配制军需品、制造三酸和玻璃等。由于边区开展大生产运动的劳动竞赛，奖励劳动英雄和模范工作者，不仅生产自给，部分地县还有效地解决了财政问题。据 1945 年统计，边区 27 个县自给生产收入 7 493 万元，占总收入 37%，这个数字不包括蔬菜和个人生产的肉食等。此外，边区还减轻了农民 9%的征粮负担。边区渡过了财政难关，并大大地改善了人民生活，许多县达到了丰衣足食[①]。劳模运动创造和发现了一大批典型人物，并在群众中发生作用，在根据地生根发芽，最终作为一种群众运动模式固定下来，进一步发展了生产，巩固了根据地。这场劳动英模运动呈现出“服务军事，支援战争，保家卫国”的指导思想，呈现出“革命加拼命、为革命献身、传统加创新、苦干加巧干”的劳模奉献精神和“革命型和创新型”的战争时代劳模特征[②]。可以说，这一阶段边区劳动英模运动开展得有声有色，是边区劳模运动的成熟时期，形成了一个新型劳动英模群体，并在生产建设中发挥了巨大作用。

---

① 延安市志编纂委员会：《延安革命根据地志》，陕西人民出版社，1994 年版。

② 王智：《晋西北抗日根据地劳动英模群体研究》，山西大学硕士毕业论文，2011 年。

二、劳模精神的科学内涵

劳模精神是我们时代的宝贵财富，集中体现了社会主义核心价值体系的要求。一个前进的时代，要有一种奋发向上的追求，而不断涌现出来的劳动模范所体现出来的劳模精神，是激励全国各族人民应对各种机遇和挑战，建设中国特色社会主义的强大精神力量，是推动时代前进的强大动力，也是伟大民族精神的重要体现。劳动模范用他们的崇高思想和模范行为，铸就了爱岗敬业、争创一流，艰苦奋斗、勇于创新，淡泊名利、甘于奉献的伟大的劳模精神，成为激励各行各业职工群众团结奋斗的宝贵精神财富。

（一）劳模精神的内涵

工人阶级和劳动群众是国家的主人，是建设中国特色社会主义的主力军，推动着时代前进。劳动模范是中国工人阶级和广大劳动群众的杰出代表，是民族精英、国家栋梁、社会中坚、人民楷模。时代呼唤劳模、社会需要劳模，劳模精神在今天越发放射出耀眼的光芒。多年来，在我国社会主义建设的各个历史时期，中国工人阶级是推动我国先进生产力发展和社会全面进步的根本力量，工人阶级始终表现出伟大的创造力，涌现出一大批先进模范人物，这些劳动模范始终走在改革开放和社会主义现代化建设的最前列，以出色的业绩和高贵的品质，以忘我的献身精神，激励着一代又一代劳动者为国家的繁荣富强而拼搏。这些劳模成为工人阶级学习的榜样，带动工人阶级满腔热忱地在各自的工作岗位上创造辉煌的业绩，是当之无愧的时代领跑者。劳动模范身上所体现出的优秀品质，蕴藏其中的劳模精神，不断凝聚着人们的智慧和力量，具有强大感召力，是时代和社会的宝贵精神财富。具体而言，劳模精神的内涵主要体现在以下方面：

1. 强烈的主人翁责任感

责任感是一种自觉主动地做好分内分外一切有益事情的精神状态。强烈的主人翁责任感正是劳模精神内涵的深刻体现，就是把国家利益和人民利益放在首位、勇于承担历史使命的责任意识。劳模精神是社会的正能量，影响和鼓舞着一代又一代人为实现中华民族伟大梦想而勤奋劳动、忘我工作、无私奉献。从英雄孟泰爱厂如家的主人翁精神到劳模杨怀远为人民服务的“小扁担精神”；还有“宁愿一人脏，换来万人洁”的时传祥精神和“有条件上，没有条件创造条件也要上”的铁人精神；以及公交战线的旗帜李素丽“岗位作奉献，真情为他人”的精神，再到当代工人的楷模许振超“干就干一流、争就争第一”的执着信念……他们身上所体现的强烈的主人翁责任感，不仅是中国工人阶级伟大品格的集中体现，也是中华民族精神的重要组成部分。2013 年 4 月 28 日，习近平同全国劳模代表座谈时也曾强调过职工的主人翁精神，他说：“长期以来，广大劳模以高度的主人翁责任感、卓越的劳动创造、忘我的拼搏奉献，谱写出一曲曲可歌可泣的动人赞歌，铸就了‘爱岗敬业、争创一流，艰苦奋斗、勇于创新，淡泊名利、甘于奉献’的劳模精神，为全国各族人民树立了光辉的学习榜样。”①我国目前所处发展阶段是社会主义初级阶段，构建社会主义和谐社会是党在整个社会主义初级阶段的任务。因此，同样需要工人阶级站在全局的高度，以强烈的主人翁责任感承担起自己的历史使命，充分发挥主力军作用。

2. 淡泊名利、甘于奉献

淡泊名利、甘于奉献是劳模精神的精髓，是中国工人阶级伟大品格的生动体现，是社会主义核心价值体系的集中展示，是我们时代的宝贵财富。淡泊名利就是清淡寡欲，轻名忘利。甘于奉献就是在工作岗位上要有勇于牺牲、勇于奉献、舍己为人的精神。在推进社会主义精神文明建设中，淡泊名利、甘于奉献构成了劳模精神的品格特征。他们在工作中任劳任怨，默默无闻，为全民族创造了新的精神财富，塑造了新的英雄形象。新中国成立之初，爱厂如家的孟泰；社会主义建设时期，“铁人”王进喜，“走在时间前面的人”王崇伦，“群钻”发明者倪志福，“宁可一人脏、换来万人洁”的掏粪工时传祥，具有“一团火”精神的张秉贵，“两弹元勋”邓稼先等，他们在平凡的岗位上以主人翁责任感和艰苦创业的精神创造了非凡的成绩，以为国分忧、自强不息的豪迈壮志，影响和带动着整个社会前进。改革开放后，中国经济飞速

① 习近平在同全国劳动模范代表座谈时的讲话（2013 年 4 月 28 日），参见 http://www.gov.cn/ldhd/2013-04/28/content_2393150.htm?isappinstalled=1

发展，社会主义市场经济体制全面确立，以蒋筑英、罗健夫、包起帆、袁隆平、王启民、李双良、马永顺等为代表的一批人，敢于开拓，勇于改革，平凡而执着的坚守感动了国人，成为社会的主流。在激烈的市场竞争中，全心全意依靠工人阶级办好企业的付万才，新型产业工人张伟、徐虎、李素丽、王涛、李黄玺等，又成为新时代的骄子。进入新世纪，以许振超、邓建军、孔祥瑞、王洪军、窦铁成、李斌等一线职工为代表，在继承发扬老一辈劳模艰苦奋斗、拼搏奉献精神的同时，苦练技术，大胆创新，成为知识型、技术型和创新型劳模。时代变迁，以劳动模范为代表的几代工人阶级都具有不同的内容和特点，但他们又有共同点，那就是具有淡泊名利、甘于奉献的精神，集中体现了中国工人阶级的先进思想和精神风貌，体现了一个劳动者的时代价值和社会的正能量。淡泊名利、甘于奉献的精神，过去是，现在也仍然是不变的劳模精神。在不同历史时期涌现的劳模始终保持和发扬了这一光荣传统，在推动科学发展、促进社会和谐中发挥出更大的作用，为我国社会主义建设作出了卓越贡献。

3. 与时俱进、刻苦学习

在共和国的历史上，从每个历史时期的劳动模范身上，我们都可以看到，劳模精神无不代表着一个时代的思想光辉，在不同的发展阶段，始终走在改革开放和社会主义现代化建设的最前线，并与时代发展的脚步一致，以忘我的献身精神，激励着一代又一代劳动者为祖国的繁荣富强而拼搏。他们是推进我国先进生产力发展和先进文化发展的代表，是推动时代前行的强大动力，是当之无愧的时代领跑者。随着时代的变迁，从“铁人精神”到“振超效率”，从“埋头苦干”到“创新劳动”，劳模价值从传统的“出大力流大汗”“苦干加实干”向“知识型、技术型、创新型”转变，并能为国家民族创造出“社会及经济效益”。这种转变是与新中国成立初期从农业、封闭的自足社会向工业现代化转变并逐步向世界开放的过程相合拍的①。从时传祥、王进喜，到倪志福、郝建秀等老一辈劳模，到李素丽、徐虎、袁隆平、王选、许振超、宋鱼水、郭明义、包起帆等新一代劳模，人们再次目睹了新时代劳模的风采，

① 艾君：《劳模精神引领时代精神》，《工会博览（下旬刊）》，2013 年第 4 期。

体现了新时期“劳动光荣、知识崇高、人才宝贵、创造伟大”的劳动价值观。不管时代如何变迁，与时俱进、刻苦学习的劳模精神是永恒不变的。他们善于学习，在本行业、本岗位以精深的专业技能引领风骚，成为令人敬佩的专家或能手，他们干一行、专一行、精一行，作出了特殊贡献，体现了一个劳动者的时代价值和社会的正能量。胡锦涛同志曾经指出：“广大劳模的先进思想和优秀品质，充分展示了中华民族的伟大精神，昭示着我们时代前进的方向，是全社会的宝贵精神财富。”[①]当前我国进入到构建社会主义和谐社会的新的历史发展时期，我们从新一代的劳动模范身上，欣喜地看到了与时代同步的新的精神气质。他们是当代中国工人的杰出代表，是工人阶级的楷模，集中体现了新时期工人阶级与时俱进的时代特征，集中反映了新时期工人阶级的时代风采和精神风貌。新时代劳模许振超，把职业作为自己的事业追求，生活中坚持摸索吊桥技术的创新，终于树立了这一技术的世界标杆。全国劳模包起帆的成果里蕴涵了复杂的科技含量。包起帆坦言：“一方面要贯彻执行国家的经济政策，另一方面要找出化解危机的办法。通过新技术发明，节能减排，降低成本，改善效率等方法，同时给职工充分的信心，发挥他们的主人翁作用，以此来渡过难关。”无论时代如何变迁，永远不变的是与时俱进、刻苦学习的劳模精神，新时代的劳模更是如此，他们注重学习和创新，推动国家不断发展和进步。

（二）劳模精神与时俱进，不断丰富发展

劳模精神是中国工人阶级优秀品质的集中体现，是极为宝贵的精神财富，影响和鼓舞着一代又一代中国人投身于社会主义现代化建设。习近平总书记2013年在同全国劳动模范代表座谈时指出：“必须大力弘扬劳模精神，发扬劳模作用。”[②]在新的历史时期，劳模精神引领着时代的进步，与时俱进，不断丰富发展。

---

① 胡锦涛在庆祝“五一”国际劳动节大会上的讲话，载中国金融工会全国委员会：《工会工作参考资料汇编（上）》，中国金融出版社，2002年版，第141－142页。

② 习近平在同全国劳动模范代表座谈时的讲话（2013年4月28日），参见 http://www.gov.cn/ldhd/2013－04/28/content_2393150.htm? isappinstalled＝1

1. 劳模精神与时俱进，彰显当代工人阶级精神气质

在我国社会主义建设的不同历史时期，以劳动模范为代表的一代又一代中国工人阶级以自己的模范行动，发挥了中流砥柱的作用，创造了卓越的历史功勋。不管时代如何变迁，体现在中国工人阶级身上的精神品质是不变的，并且不断升华，积淀为宝贵的劳模精神。

早在抗日战争时期，陕甘宁边区遭遇严重经济困难，中国共产党为了推动边区经济建设，自力更生，发展生产，在边区开展了劳动英雄和模范工作者运动。广大工人阶级和农民群众为发展生产、支援前线，帮助边区克服严重的经济困难，积极争当劳动英雄和模范工作者。这一时期涌现出了以赵占魁、吴满有、甄荣典、李位、晏福生、刘建章等为代表的我国第一代劳动模范。新中国成立后，为了早日实现社会主义工业化，激发全国人民建设国家的热情，党和政府沿用了革命战争时期的经验做法，依托社会主义劳动竞赛和生产运动，调动人民群众的劳动热情和生产积极性，开展了形式多样的劳模运动，注重发现和积极推荐劳模典型，评选出了许多劳模和先进生产者，孟泰、马恒昌、郝建秀、王崇伦、倪志福等就是这个时期劳动模范的代表。20世纪五六十年代，我国还处于物质十分匮乏的阶段，我国工人阶级自力更生、艰苦奋斗，涌现出了李瑞环、王进喜、倪志福、郝建秀、时传祥、张秉贵、向秀丽、郭凤莲、王崇伦等劳动模范，他们的精神激励、鼓舞和影响了一个时代。改革开放初期，提倡劳动光荣、劳动致富，工人阶级继承和发扬“劳模精神”，涌现出了邓稼先、蒋筑英、李双良、王启民、包起帆、袁隆平等一大批具有鲜明时代特征的模范先进人物。到了21世纪，经济全球化，劳模主动融入市场，涌现出一批具有创新精神和能力的模范先进人物，他们身上所反映出的劳模精神正是这个时代所需要、所倡导的，他们在为社会创造出更多财富的同时，更是主动肩负起社会责任。

回顾历史，虽然劳动模范所处的历史时期有所不同，但是无论哪个年代的劳模，他们身上都有一些共同的精神气质，那就是艰苦奋斗、爱岗敬业、勇于创新、无私奉献。这些优秀精神品质一脉相承，熔铸成一笔宝贵的精神财富，代代相传，彰显了当代工人阶级的精神气质。

2. 劳模精神与时俱进，是当代工人阶级的精神支柱

劳动模范是工人阶级的优秀代表，在我国的革命、建设和改革的各个历史时期，一代又一代的劳模，在各自的岗位上做出了不平凡的业绩，影响了十几亿国人，激励国人创造了一个又一个奇迹。

然而，在我国进入市场经济之后，曾经深入人心的劳模精神正面临着严峻的考验。在不少人的心目中，老黄牛不现代了，不值钱了，不时髦了，因而也就不那么崇尚劳模精神了，在新观念的冲击下，一些人逐渐疏远和淡化了劳模精神。一些人把“艰苦奋斗、爱岗敬业、勇于创新、无私奉献”的劳模精神看作是低效率、傻子精神。也有很多人不愿意做劳模，而是去投机钻营，甚至有一些人，包括一些领导干部，视赤诚为迂腐，视敬业为狭隘，视奉献为愚昧，满足于吹吹打打，搞形式主义、官僚主义、享乐主义和奢靡之风，与党的宗旨背道而驰，与人民政府为人民的根本职责格格不入，与社会公仆的职业道德大相径庭，不但败坏了党风政风，损害广大群众的切身利益，而且败坏社会风气，令老百姓深恶痛绝，反映强烈，影响极坏。

我党历来都对生产一线劳模和知识分子中的先进人物给予了充分肯定和高度评价。胡锦涛同志曾经指出：“广大劳模的先进思想和优秀品质，充分展示了中华民族的伟大精神，昭示着我们时代前进的方向，是全社会的宝贵精神财富。”[①]当今社会，更需要让劳模精神帮助人们树立正确的人生观、世界观和价值观。倘若在全社会都能够形成尊重劳动、尊重劳动者的氛围和风尚，改正社会不良风气，便能极大地调动广大劳动者的积极性、创造性，形成强大的凝聚力和向心力，我们的国家就会变得繁荣富强。

3. 劳模精神与时俱进，引领当代工人阶级时代新风

新时期，新一代中国工人阶级不仅继承了爱岗敬业、艰苦奋斗、甘于奉献的劳模精神，又进一步丰富和发展了劳模精神的内涵，使劳模精神具有了更加鲜明的时代特色。

随着国家社会经济的发展，劳模的群体特征产生了嬗变，我国劳模构成

---

① 胡锦涛：《在庆祝“五一”国际劳动节大会上的讲话》，载中国金融工会全国委员会编《工会工作参考资料汇编(上)》，中国金融出版社，2002 年版，第 141－142 页。

正在由体力劳动者、一线生产者向体力劳动者与脑力劳动者并存、生产者与创业者并存的方向发展，劳模的素质也在不断提高。新时期的劳模不但具有良好的思想品质和职业道德，在自身的工作岗位中作出了杰出的贡献，而且锐意进取，开拓创新，刻苦钻研业务和技术，且能培养和带领中高级技能人才，使中高级技能人才队伍的总量、结构和素质逐步适应经济发展的需要，为社会创造出巨大的财富。例如，2005 年度的全国劳动模范邓建军同志作为我国产业工人的典范，以学习增强能力，以创新创造业绩，以奉献体现价值，从一名普通工人成长为技能型、知识型、复合型的高级技师。他的先进事迹生动展示了新时期产业工人的新形象。

新时期劳模推动了社会先进生产力的发展，体现着我国发展先进文化的前进方向，引领着当代工人阶级时代新风，是我们国家的宝贵财富。

（三）劳模及劳模精神的现实意义

自 20 世纪 30 年代劳模诞生以来，劳模队伍不断壮大，社会价值不断攀升。习近平总书记曾说过："人世间的美好梦想，只有通过诚实劳动才能实现；发展中的难题，只有通过诚实劳动才能破解；生命里的一切辉煌，只有通过诚实劳动才能铸就。"[①]放眼未来，要实现中国梦，仍然需要越来越多的英模人物和越来越多的英模精神来提供持久性的动力。

当前，我国正处在社会主义建设的关键时期，一定要在全社会大力弘扬劳模精神，用劳模的先进事迹感召人民群众，用劳模的优秀品质引领社会风尚，使更多的人向劳模靠拢，学习劳模精神，争做建设社会主义的主力军。回眸改革之路，国家的建设和发展离不开劳动者的锐意进取，是劳动者用平凡的业绩构筑起一个民族的理想高度，在全面建设小康社会的实践中发挥着至关重要的作用。

为了国家，劳模们作出了重大贡献，因此新时期弘扬劳模精神，就要把弘扬和培育劳模精神引入常态化建设轨道，在全社会积极、主动地倡导"学

① 习近平在同全国劳动模范代表座谈时的讲话（2013 年 4 月 28 日），参见 http://www.gov.cn/ldhd/2013－04/28/content_2393150.htm? isappinstalled＝1

习劳模、尊重劳模、关爱劳模、崇尚劳模、争当劳模”的良好和谐的社会氛围，这是新形势下弘扬光大劳模精神的新任务新要求。

1. 加强对劳模精神的宣传

榜样的力量是无穷的，劳模精神是民族精神的重要体现，是激励我们奋勇前进的重要精神动力。新形势下要实现中国梦，必须依靠全体人民通过诚实劳动创造美好生活。因此，我们要充分利用各种宣传方式，通过内容丰富、形式多样、寓教于乐的活动，在全社会广泛宣传劳动模范的先进事迹、优秀品质、高尚精神，使劳模精神不断发扬光大，在全社会唱响“劳动最光荣、劳动最崇高、劳动最伟大、劳动最美丽”的主旋律，在全社会进一步形成“崇尚劳模、学习劳模、争当劳模、关爱劳模、培养劳模”的良好氛围，让劳模的崇高精神影响和带动全社会，并发扬光大、代代相传。

2. 学习劳模与时俱进、勇于创新的精神

党的十一届三中全会以来，党中央始终强调全党同志要以开拓创新的精神，投身改革开放事业中，从事社会主义现代化建设。党的十五大将“勇于开拓，积极进取，不怕困难，不怕挫折”作为新的历史条件下共产党员保持先进性的具体要求，写入了报告。习近平总书记在2013年同全国劳动模范代表座谈时也强调，必须大力弘扬劳模精神、发挥劳模作用，激励和带动亿万人民为实现中华民族伟大复兴的中国梦而不懈奋斗。新时期，为推动经济又好又快发展、加快推进社会主义现代化，我国工人阶级和广大劳动群众一定要学习劳模那种勇于创新、与时俱进的进取精神和开拓精神，把自己的创新潜能和创造活力充分发挥出来，在不断总结工作经验的基础上，大胆寻求革新，创新工作方法，把创新作为推动事业进步的动力，开创中国特色社会主义事业新局面、实现中华民族伟大复兴。

3. 要切实关心爱护劳模

劳模是时代的楷模，是改革的先锋。他们为国家和社会作出了很大贡献，理应得到全社会的尊重和关爱，这也是弘扬劳模精神、发挥劳模作用的基本保证。党和政府一直以来都把关爱劳模摆在重要位置。1978年10月11日，邓小平同志在中国工会第九次全国代表大会上的致辞中提出，“任何人对四个现代化贡献得越多，国家和社会给他的荣誉和奖励就越多，这是理所当然的"[①]。江泽民同志在1995年4月29日和2000年4月29日讲话中强调,全社会都要尊重、爱护劳动模范和先进工作者,各地区、各部门都要关心先进模范人物的工作、学习和生活[②]。2004年4月30日,胡锦涛同志强调,"劳动模范是党和国家的宝贵财富",各级党委和政府要始终坚持全心全意依靠工人阶级的方针,"热情关心劳动模范的工作、学习和生活,细致入微地为劳动模范排忧解难,推动全社会进一步形成尊重劳模、爱护劳模、学习劳模、争当劳模的良好风尚。"[③]弘扬劳模精神,发挥劳模作用,就要在全社会形成关心劳模的浓郁氛围,切实把爱护劳模和尊重培养劳模落到实处,真正从政治上、工作上、生活上关心爱护劳模,解决劳模的后顾之忧,为劳模的成长创造更有利的工作环境,努力为他们的成长进步创造条件,充分调动劳模的积极性、创造性,努力推动在全社会形成尊重劳动、尊重知识、尊重人才、尊重创造的良好风尚。

三、劳模精神与中国工人阶级伟大品格

劳模精神是中华民族精神的重要组成部分,是工人阶级先进性的集中体现,是时代的宝贵财富,劳模精神已经成为激励全国各族人民团结奋斗、勇往直前的动力源泉,成为构建和谐社会的重要精神力量。

胡锦涛总书记在2010年全国劳动模范和先进工作者表彰大会上的重要讲话,深刻揭示了劳模精神的丰富内涵,并明确指出正是广大劳模的高尚作为和突出贡献,树立了光辉形象,铸就了信念坚定、立场鲜明,艰苦奋斗、勇于奉献、胸怀大局、纪律严明、开拓创新、自强不息的工人阶级伟大品格。[④]

---

① 《邓小平文选》(第二卷),人民出版社,1994年版,第136页。

② 江泽民在庆祝"五一"国际劳动节暨表彰全国劳动模范和先进工作者大会上的讲话(1995年4月29日),参见:新华社《党和国家关怀劳模成长:殷殷的关怀 深深的嘱托》,http://opinion.people.com.cn/GB/8213/46311/47557/3357486.html

③ 胡锦涛与江苏省全国劳动模范代表座谈时的讲话(2004年4月30日),参见:新华社《党和国家关怀劳模成长:殷殷的关怀 深深的嘱托》,http://opinion.people.com.cn/GB/8213/46311/47557/3357486.html

④ 胡锦涛在2010年全国劳动模范和先进工作者表彰大会上的讲话(2010年4月27日),参见http://www.china.com.cn/guoqing/2012—09/18/content_26748517.htm

（一）劳模精神体现工人阶级伟大品格

工人阶级是开创中国特色社会主义的主力军，劳动模范作为工人阶级的优秀代表，在建设新中国和改革开放的伟大事业中作出了不可磨灭的重大贡献，他们以实际行动铸就了爱岗敬业、争创一流，艰苦奋斗、勇于创新，淡泊名利、甘于奉献的伟大劳模精神，成为推动改革开放最强大的动力，成为激励全国各族人民团结奋斗、勇往直前的强大精神力量，是中国工人阶级伟大品格的生动体现，是推动时代发展进步的宝贵财富。五六十年代涌现出来的李瑞环、倪志福、郝建秀、王进喜、时传祥、张秉贵、向秀丽、郭凤莲、王崇伦等劳模，通过发明创造突破了重大的技术难关，使生产有了飞跃式发展。如倪志福的钻头，王林鹤的高压电桥，蔡祖泉的电光源等，都是提高生产力、改造世界的典范。在中国特色社会主义建设的伟大实践中，我国工人阶级是全面建设小康社会、坚持和发展中国特色社会主义的主力军，是推动历史前进的时代先锋。习近平在同全国劳动模范代表座谈时指出："在我们党团结带领人民进行革命、建设、改革各个历史时期，劳动模范始终是我国工人阶级中一个闪光的群体，享有崇高声誉，备受人民尊敬。长期以来，广大劳模以高度的主人翁责任感、卓越的劳动创造、忘我的拼搏奉献，谱写出一曲曲可歌可泣的动人赞歌，铸就了'爱岗敬业、争创一流，艰苦奋斗、勇于创新，淡泊名利、甘于奉献'的劳模精神，为全国各族人民树立了光辉的学习榜样，体现了工人阶级伟大品格。"①

（二）劳模精神提升工人阶级伟大品格

工人阶级是我国先进生产力和生产关系的代表，纵览人类历史，正是一代又一代的劳动者用辛勤劳动、伟大创造和英勇斗争，把人类文明不断推向前进。从"一五"到"十三五"，从鞍钢"三大工程"到大庆油田、长江大桥、"两弹一星"，再到三峡工程、青藏铁路、载人航天、首次月球探测、北京奥运会、上海世博会等，中国工人阶级和广大劳动群众创造了无数的人间奇迹，书写了无数的壮丽篇章，形成了孟泰精神、大庆精神、铁人精神、劳模精神、雷锋

① 张树军：《十八大以来全面深化改革纪事（2012—2017）》，河北人民出版社，2017 年版，第 79 页。

精神、焦裕禄精神、抗洪精神、载人航天精神、奥运精神、抗震救灾精神等。这些功绩属于英雄的中国工人阶级和广大劳动群众，这些精神是社会主义先进文化的精华、是中华民族最可宝贵的精神财富[①]。因此，大力弘扬劳模精神和中国工人阶级的伟大品格，让全体人民特别是广大青少年都懂得并践行“劳动最光荣、劳动者最伟大”的真理，是推进社会主义现代化建设的迫切需要。

（三）劳模精神完善工人阶级伟大品格

我国经济发展和社会进步所取得的伟大成就，凝结着工人阶级的无私奉献和创造性劳动，铭刻着工人阶级的伟大品格并引领着工人阶级队伍快速成长，这无疑是工人阶级始终保持自我更新能力，不断发展先进性的必然要求。党和国家领导人多次高度评价劳模的丰功伟绩与社会作用。自1950年至2000年，党中央、国务院先后召开过12次大规模的表彰会，临时性表彰生产劳模先进集体和个人20余次，累计表彰先进集体10 000多个，先进个人22 000余人。1989年以来，全国劳模和先进工作者的评选表彰工作逐渐向规范化方向发展，基本形成了每五年一次的固定届次，每次评选表彰先进个人3 000名左右，由国务院授予全国劳动模范或全国先进工作者称号。2005年，党中央、国务院继续表彰近3 000名全国劳动模范和先进工作者，并在北京隆重召开全国劳动模范和先进工作者表彰大会。劳模评选表彰工作开展50多年来，通过对模范先进人物和劳模精神的宣传，“学习劳模、尊重劳模、关爱劳模、崇尚劳模、争当劳模”的风尚已在全社会基本形成，“劳动光荣、知识崇高、人才宝贵、创造伟大”已成为时代的强音。科学发展、社会和谐，是贯穿改革开放和社会主义现代化建设的一条主线，是发展中国特色社会主义的基本要求。加快经济发展方式转变是实现这一要求的必然选择，也是我国经济领域的一场深刻变革。我国工人阶级和广大劳动群众始终是推动我国经济发展、维护安定团结的根本力量。在他们身上体现出来的主人翁责任感和艰苦创业精神，忘我的劳动热情和无私奉献精神，强烈的开拓

① 人民日报:《工人阶级是社会主义中国的领导阶级》,《人民日报》2010年5月5日。

创新和锐意进取精神，良好的职业道德和爱岗敬业精神，是推动时代发展的强大动力，是伟大民族精神的重要体现。他们被誉为“共和国的脊梁”。当前，要加快经济发展方式转变，推动我国经济发展尽快走上创新驱动、内生增长的轨道，必须高度重视和充分发挥工人阶级主力军作用，在全社会广泛宣传工人阶级的劳动创造和卓越功勋，大力弘扬劳模精神和工人阶级伟大品格，为实现经济社会又好又快发展提供强大力量支撑。

第二节　劳模群体发展的变迁轨迹

劳动模范是人类劳动和工作实践的结晶，是工人阶级和劳动群众的优秀代表。中国的劳模最早出现在土地革命战争时期，迄今已有七十多年的历史，在社会主义建设事业中发挥了积极作用，产生了深远影响。现将中国劳模的产生发展过程简述如下：

一、革命战争年代中孕育成长

中国的劳模最早诞生于土地革命战争时期中央苏区的公营企业和革命竞赛中。1934 年 3 月 20 日，刘少奇在《用新的态度对待新的劳动》一文中说：“国有企业与合作社企业中的工人、职员们！你们该记着，你们现在再不是为地主资本家而劳动了，而是为工人阶级自己、为人类的最后解放而劳动着。这种劳动性质的变换，是我国历史未曾有过的最大变换，你们应该用新的态度来对待新的劳动。”1933 年 8 月，苏区各厂矿企业开展了劳动竞赛，提出了比数量、质量、成本等内容的竞赛目标，按时评比、表彰先进、评选模范。对超额完成生产任务的给予精神和物质奖励，或送上红榜。[①] 1938 年 1 月 1 日，陕甘宁边区政府举办了“延安工人制造品竞赛展览会”，奖励并宣传了一批先进工厂、合作社及劳动英雄，开始了边区的劳模运动。解放战争时期又出现了大量的“支前劳模”和新解放城市中的“工业劳模”。

① 参见《中央革命根据地工人运动史》，改革出版社，1989 年版，第 80 页。

这一时期的劳模主要包括生产好的劳动英雄和工作好的模范工作者两大类，其优秀代表人物主要有赵占魁、吴满有、甄荣典、晏福生、刘建章等。这一时期的劳模运动经历了从个人到集体、从生产领域到各个方面、从上级指定到群众评选、从数量增多到质量提高、从提倡号召到按规定标准予以推广、从革命竞赛到全面的群众运动的发展过程，体现了“服务战争、支援军事”的指导思想。

劳模运动是边区发展生产和开展各项建设工作的一种新的组织形式和工作方法，极大地调动了军民斗争、生产、工作的积极性。劳模运动还引发了一场思想革命，在群众中首次树立了“劳动光荣、劳动致富”的劳动观念，农民逐渐被组织起来，发展生产，创造模范村；工厂产品质量提高数量增加，出现了许多发明创造；部队通过大生产等运动，涌现出许多模范班排连；机关通过发展生产厉行节约改进作风，提高了行政效率，同时，劳模运动改进了工作，培养了干部和联系群众，增强了劳动人民的团结，推动了生产建设事业和各项工作的大发展，并为党领导下的新民主主义革命取得胜利、建立新中国作出了重大贡献。

二、新中国成立后发展壮大

新中国成立后，面对国内外的紧迫形势，党和政府坚持沿用了革命战争时期的经验做法，依托社会主义劳动竞赛和生产运动，开展了形式多样的劳模运动，注重发现和积极推荐劳模典型，评选出了成千上万的劳模和先进生产者。

1950 年 9 月至 1960 年 6 月是中国劳模快速发展壮大的时期，党和政府先后召开了四次大规模的全国性劳模和先进生产者代表大会，各地区以及各行业系统、各企事业单位也都开展了不同层次的劳模评选活动，共表彰 6 510 个先进集体和 11 126 名先进个人，这些劳模广泛分布在社会各行各业，有着广泛的影响力、凝聚力和示范带头作用，他们中既有生产能手、岗位标兵、技术人员、科学工作者，又有先进工作者、优秀组织者和管理者。

20 世纪 50 年代初期到 70 年代末，劳模评选以一线工人为主，大部分劳模都属于吃苦耐劳型的“老黄牛”，行业涉及钢铁、石油、机械及服务业等，当选的劳模文化程度偏低、年龄偏大。据《中国职工劳模大辞典》记载，全国第一批劳模的评选是在1950年。当时，全国战斗英雄和全国工农兵劳动模范代表会议在北京召开，出席会议的代表有464人，其中工业代表208人，农业代表198人，部队代表58人，他们都被授予了全国劳动模范的荣誉称号。全国总工会副主席李立三在会议的总结报告中建议中央要加强对劳模的宣传，在劳动竞赛中组织推广劳模的工作经验，并把评选劳模作为一种制度固定下来，定期召开全国性的劳模大会。1956年4月30日至5月10日，在北京召开了全国先进生产者代表会议，出席会议的代表共5 556人，中共中央、国务院授予全国先进集体称号853个，授予全国先进生产者称号4 699人。1959年10月25日至11月8日，在北京召开了全国群英会，出席会议的代表共6 577人，中共中央、国务院授予全国先进集体称号2 565个，授予全国先进生产者称号3 268人。1960年6月1日至11日在北京召开了全国文教群英会，出席会议的代表共5 806人，中共中央、国务院授予全国先进单位称号3 092个，授予全国先进工作者称号2 695人。

这一时期的劳模在他们的工作岗位上埋头苦干，不为名、不为利，一心就是为了建设新中国。如，在国民经济恢复时期，老工人孟泰为了恢复鞍钢高炉的生产，在全厂到处捡废料、检镙丝，搞了一个孟泰仓库，为恢复高炉生产起到了很大作用。再如，在三年困难时期，大庆油田1 205钻井队铁人王进喜提出“宁可少活20年，也要拿下大油田”口号，用英雄的气概组织着钻井工人，为我们甩掉贫油的帽子作了很大贡献。这一阶段的全国劳模中也有一些基层干部，如县委书记的榜样焦裕禄，他那“心中只有他人，唯独没有自己”的精神，带领全县人民栽泡桐、战盐碱滩，向贫穷宣战的感人事迹可歌可泣。在那个纯朴的年代，学习劳模成为一种社会风气，五六十年代流行着一首歌曲：“戴花要戴大红花……”，激励着那个年代的许多人争戴大红花，劳模也成为那个时代的精神象征。

三、改革开放中与时俱进

改革开放后，中国经济社会飞速发展，社会主义市场经济体制全面确立。以李素丽、徐虎等为代表的“身边”劳模用他们平凡而执着的坚守感动了国人。进入新世纪，以许振超、邓建军、孔祥瑞、王洪军、窦铁成、李斌等一线职工为代表，在继承发扬老一辈劳模艰苦奋斗拼搏奉献精神的同时，苦练技术，大胆创新，成为知识型、技术型和创新型劳模。

20 世纪 80 年代初期到 90 年代中期，社会主义市场经济体制确立。这一阶段的劳模评选既重视“老黄牛”型，更重视知识型。1978 年 12 月召开的党的十一届三中全会确立我国“以经济建设为中心”，同时也拉开了改革开放序幕。是年 3 月，全国科技大会在北京召开，邓小平同志在大会上提出“科学技术是生产力”这一论断。此后，我们国家还明确了“知识分子是工人阶级的一部分”，知识分子的地位迅速提高，科学工作者的积极性空前高涨，并取得了丰硕的科学成果。从此，劳动模范的队伍当中，科技人员就大大增加了。像光学专家、研制出我国第一台光学传递函数测试装置的蒋筑英，被誉为“中国式保尔”、研制出第一台“图形发生器”并为我国航天工业作出重大贡献的罗健夫等科学家都被评为全国劳模。劳模评选的这一变化也带来人们观念的变化，尊重知识、尊重人才在社会上蔚然成风。

20 世纪 90 年代中期至今，我国的劳模评选更具有鲜明的时代特色：弘扬“老黄牛”精神，更加尊重知识，还融入了创新、以人为本的新理念。党的十四大提出了我国经济体制改革的目标是建立和完善社会主义市场经济体制，这一转变也带来一场深刻的革命，人们更加尊重劳动、尊重知识、尊重人才、尊重创造，工人阶级队伍不断壮大，民营科技企业的创业人员和技术人员、个体户、私营企业主等社会阶层都是中国特色社会主义事业的建设者，进城就业的农民已成为产业工人的重要组成部分。这些新的理念使近年来的劳模评选带来悄然变化：面向基层，面向一线。近十年评选的全国五一劳模中，企业负责人呈逐年下降趋势，获奖比例近些年每年降低 2%。具体而言，新时期的劳模评选工作表现出如下几方面特征：

(1) 劳模评选面向基层，面向一线。程水根是安徽省铜陵有色金属公司安庆铜矿采矿区的一名普通打眼工，在矿井中最艰苦的工作岗位上，他默默无闻、任劳任怨，一干就是 17 年，终于在 2000 年以一名普通打眼工的身份当上全国劳模。

(2) 劳模评选尊重知识，尊重创新。青岛港桥吊队队长许振超，凭着顽强拼搏的进取精神和刻苦钻研的韧劲，熟练掌握桥吊驾驶和维修技术，练就了“一钩净”“无声响操作”“二次停钩”“无故障运行”等“绝活”，带领他的团队创出了每小时单船接卸381自然箱的世界纪录，为中国工人阶级争得了荣誉。2005年，许振超获得全国五一劳动奖章。

（3）劳模评选尊重劳动，看重贡献。随着时代的变迁，人们对劳动者的概念有了全新的解释，私营企业者、个体户等也是国家的劳动者和建设者。2002年，北京汇源饮料食品公司董事长朱新礼、宁夏香山酒业集团董事长张金山、浙江奥康集团董事长王振滔、浙江天皇药业有限公司董事长陈立钻等4名私营企业家获得全国五一劳动奖章。2004年，私营企业职工获得全国五一劳动奖章者上升到18名，一些私营企业的职工也被评选为劳模。

（4）劳模评选不论身份，人人平等。在2004年的全国五一劳动奖章获得者中，首次出现进城务工人员鲍先锋的名字，这表明劳模不再是国家企事业单位干部职工的“专利”，同时也表明我国近亿名农民工的积极贡献愈来愈得到全社会的广泛关注和普遍认同，这一庞大群体越来越受重视，地位也越来越高。据全国总工会有关负责人透露，为使更多的进城务工人员跻身全国五一劳动奖章获得者的表彰行列，全国总工会可能会在今后的评选工作中就进城务工人员所占比例做出规定。这一信息表明，农民工在劳模的评选上将更多地享有与城镇企业职工平等的机会。

（5）劳模评选坚持原则，严格把关。推荐的企事业单位负责人要经过工商、税务、纪检、审计、安全等部门的审查。各地和各产业工会推荐上报的个人，都在当地新闻媒体进行公示，接受社会监督。而对于已获得劳模称号，却在随后的工作生活中违法犯罪的人员，也毫不留情地给予惩处。例如，曾获得全国五一劳动奖章的原广东省交通集团公司副总经理王志仁，因涉嫌巨额贿赂被检察院起诉。在评选劳模的过程中严格把关，主要是为了避免像王志仁这样的人“混进”劳模队伍中，从而玷污劳模这一崇高称谓。

第三节　时代嬗变过程中的劳模特征

中国评选劳动模范迄今已有七十多年的历史。随着时代的不断发展，劳模形象也发生了很大变化。它孕育成长在革命战争时期，发展壮大于新中国成立初期，与时俱进于改革开放和社会主义现代化建设新时期。可以说，劳模形象的变迁是历史变迁的一个缩影。从“老黄牛”式的典型，到推崇知识分子，再到民营企业家、农民工、科技人才等入围，不同时代的劳模展现的是不同时代的精神风貌，他们爱岗敬业，勇于创新，无私奉献，在平凡的岗位上作出了不平凡的业绩，书写着对祖国、对人民的热爱和忠诚。他们是一个社会、一个国家、一个时代最为鲜活生动的形象记录，更是一个时期精神风尚的体现。随着社会的不断发展，劳动模范的范畴将更加宽泛，不仅包括能吃苦的体力劳动者，包括知识分子，也包括为国家争得荣誉的体育明星，还包括能自主创业、为国家作出突出贡献的私营企业家。

一、革命战争年代劳模的特质

革命战争年代，斗争形势极为残酷和艰辛，物质条件极端匮乏，在这个年代里涌现出了以赵占魁、甄荣典、张秋凤等为代表的我国第一代劳动模范，他们为了中华民族的独立和中国革命的胜利，进行了艰苦卓绝的斗争，付出了巨大的牺牲，作出了不可磨灭的贡献。1940年代初，抗日战争进入最困难的时期，我党面临着巨大的财政困难和政治、军事压力。为了渡过难关，保证抗日战争力量，以毛泽东为代表的共产党人提出了“发展生产，自给自足”的政策，并开展了广泛的大生产运动，其中影响较大且别具特色的就是劳模运动，劳模运动能够在群众中发现典型，宣传典型、以典型引路，“有了这批积极分子，就有了团结群众的核心，在他们的影响下，使全体群众更积极地行动起来。”[①]开展劳模运动是解决边区经济困难的重要举措，这个运动实质上是发挥劳模在生产中的组织作用，“动员民众走一条劳动密集型发

① 中华全国总工会:《中共中央关于工人运动文件选编》(中). 档案出版社，1985年版，第181页。

展的道路”[1]。在政府的积极组织和有效引导下，劳动英雄和模范工作者大量涌现，并由个人劳动英雄向集体劳动模范发展。

（一）忘我劳动、爱岗敬业

忘我劳动、爱岗敬业是“劳模精神”的精髓，以劳动模范为代表的工人阶级始终保持和发扬了这一光荣传统，为我国社会主义建设作出了卓越贡献。例如，有“边区工人一面旗帜”之称的赵占魁，1896 年出生于一个农民家庭，抗日战争时期是陕甘宁边区农具厂的化铁工人，是在生产竞赛中涌现出来的著名劳动英雄，被毛主席称为中国式的“斯达汉诺夫”，他当过长工、铁匠，饱受旧社会的折磨，1938 年到延安参加抗日并加入中国共产党。在生产和工作中积极负责，埋头苦干，大公无私，有强烈的自我牺牲精神，他是劳动英雄、技术能手、节约模范，又是团结和学习的标兵，朱德称赞他是用革命者态度对待工作的“新式劳动者”。

在高达二千摄氏度的高热熔炉面前，赵占魁每时每刻都在认真工作着，毫不懈怠。他每天早晨上工，都先把当天一切工作准备妥当；晚上放工，把工厂收拾清楚，始终“冲锋在前，退却在后”。赵占魁在工作上不怕艰苦繁重，始终站在最前面，做得最多最好，但他从来不自夸、不贪功，每遇论功行赏的时候总是让开，认为那是大家努力的结果。他说，为革命多做些工作，是自我牺牲精神的应有体现。他从来不计较个人的待遇与得失，克己奉公。赵占魁这种埋头苦干、大公无私、自我牺牲的精神，大大地鼓舞了边区工人的劳动热情，有力地推动了整个边区工业建设的向前发展。在赵占魁的身上，体现了一种新的劳动态度，那就是能够认识到自己的主人翁的地位，把自己锻炼成一个劳动英雄、技术能手、节约模范，锻炼成一个团结和学习的标兵。赵占魁还有一种自觉爱护工厂、团结工人、努力生产、提高技术，一切为着革命利益、不计较个人得失的无产阶级的宝贵品质。

1947 年，我军暂时撤离延安，赵占魁在保卫边区的战斗中，老当益壮，在

---

① [美]马克·赛尔登，魏晓明、冯崇义，译：《革命中的中国：延安道路》，北京：社会科学文献出版社，2002 年版，第 251 页。

非常困难的条件下，带领工人想办法自烧焦灰，赶造出大批手榴弹供应前方。在他的影响下，工人们工作热情高涨，无人计较每天多少小时的工作制度，只要一有任务就昼夜不停工作。1949 年后，赵占魁先后担任西北总工会、陕西省总工会副主席，继续为社会主义建设作贡献。

（二）勇于开拓、奋斗不息

勇于开拓、奋斗不息的劳模精神代表着一个时代的思想光辉，并与时代发展的脚步一致，成为推动时代前行的强大动力。例如，“双百”人物中的共产党员吴运铎，是中国抗日战争时期革命根据地兵工事业的开拓者、新中国第一代工人作家。他撰写的自传《把一切献给党》，是 20 世纪 50 年代脍炙人口的自传体小说，写的是一个普通工人成长为无产阶级战士的感人故事，曾教育了整整一代人。

吴运铎，祖籍湖北武汉，1917 年生于江西萍乡，早年曾在安源煤矿、湖北大冶源华煤矿当工人。抗战爆发后，他奔向皖南云岭，1938 年参加新四军，并在军司令部修械所工作。1939 年加入中国共产党，从事地下组织活动。在革命队伍中，读完了中学课程，并自修了机械制造专业理论。在抗日战争和解放战争中历任新四军司令部修械所车间主任，淮南抗日根据地子弹厂厂长、军工部副部长，华中军工处炮弹厂厂长，大连联合兵工企业引信厂厂长，株洲兵工厂厂长。

当时条件十分困难，一无资料，二无材料，为了供应前方的军需，他毅然挑起了重担。在占庙中，将大殿当生产车间，配殿当修枪厂，用简陋的设备研制出杀伤力很强的枪榴弹和发射架，在抗日战场上发挥了消灭敌人的作用。为研制子弹，在敌人重重封锁下，找不到火药原料，吴运铎只好去找代用品。他想方设法将红头火柴的头刮下来，用酒精泡开，制成火药。没有酒精，就将老烧酒蒸馏后，代替酒精使用。因为火柴头爆炸力太强，他就将锅灶上的烟锅子掺在一起，配成合用的火药。后来由于红头火柴用量大，根据地又供应不上，就从药店里买来雄黄和洋硝，混合配制，才解决了难题。制造弹头的材料更加缺乏，他就试着把铅融化了注入模型，做子弹头。但铅经不住高热，步枪有炸毁的危险，后改用铜圆，放在弹头钢模里压成空筒，做成尖头的子弹头，里面灌上铅，才试验成功。为制造军工机床，他就组织大家用废铁堆里找到的几节切断了的钢轨，中间钻洞安装上模型，然后把铁轨钉在案上，算是代用的“冲床”了。他就这样把废钢铁加工成各种简易的机床，装备了军工厂，突破了难题，先后发明、制造了各种地雷和手榴弹。在条件极端艰难、困苦的状况下，军工厂修复了大量枪械，试制了各种弹药。

在战争年代，他多次负伤，失去了左眼、左手，右腿致残，经过 20 余次手术，身上仍留有几十块弹片。新中国成立后，吴运铎历任中南兵工局副局长、机械科学研究院副总工程师、五机部科学研究院副院长等职，主持多项兵器科研工作，为国家培养了大批军工人才，为国防现代化和改善部队装备作出了重要贡献。

（三）无私奉献、始终不渝

劳动模范是中国工人阶级和广大劳动群众的杰出代表，他们把国家利益和人民利益放在首位，无私奉献、始终不渝，勇于承担历史使命。劳模精神是我国工人阶级优秀品质的集中体现，是中国工人阶级的一笔宝贵的精神财富，在各个不同历史时期，一直鼓舞激励着工人阶级满腔热忱地投身于社会主义建设的伟大实践。

全国劳动模范甄荣典，1916 年出生，1940 年参加八路军，后调军工部当工人，曾任华北兵工工会、山西省总工会副主席。甄荣典在抗日战争时期，带头响应党的号召，带领大家多造炮弹，争抢速度，维修设备，改进工具，掀起全厂生产竞赛的热潮，将一般工人的工作效率提高到日车 300 多发，他自己创造了日车炮弹外圆 480 个的最高纪录，被誉为“炮弹大王”。甄荣典常在工作极度疲倦之后，还一个人走到离工厂三五里外，选择埋藏机器的好地方。敌人来了，他把机器埋在大河滩里、水渠底，甚至埋在敌人必经的大道上，有时，他还露宿在冬天的山野里，冒着生命危险和敌人“捉迷藏”，保护着军工生产的“命根子”。

1945 年大反攻前，军工部成立了一座新的炮弹厂，开工 20 多天了，还不见出货，上级就将甄荣典调到那里去工作，第一天就造了 45 颗大炮弹，极大地振奋了工人的士气，把全厂的产量带动了起来，保证了前线的需要。

这一时期的劳模以“新的劳动态度对待新的劳动”，积极参加义务劳动，全力支援前线斗争，在组织与领导基层群众生产中发挥着举足轻重的作用，体现了“服务战争、支援军事”的指导思想以及“为革命献身、革命加拼命、苦干加巧干、经验加创新”的劳模精神，呈现出“革命型”的劳模特征。通过劳模运动，边区打破了自然灾害和国民党物质封锁的困难局面，生产逐渐由自给自足走向发展壮大，人民生活水平也得到了很大的提高。

劳模运动是一场意义深刻的社会革命，它以争当劳模光荣、努力生产光荣为主题。劳模评选极大地调动了军民斗争、生产、工作的积极性，引发了一场思想革命，更新了边区人民的思想意识与观念。评选出来的劳动模范是大生产运动的引擎，在群众中首次树立了“劳动光荣、劳动致富”的劳动观念；他们将先进的现代意识形态生动地映射到群众眼前，群众愿意相信他们，愿意接受他们的领导。所有这些，都使他们成为众人瞩目的对象，不但推动了苏区、抗日根据地和陕甘宁边区生产、建设事业和各项工作的大发展，而且改善了军民的生活，提高了军事素质和工作效率，还创新了生产组织形式和工作方式，密切了军民关系、干群关系、党群关系，增强了劳动人民的团结。因此，劳模运动对陕甘宁边区社会变迁有着重要影响，这种影响是悄然的，却又是迅速的，并为党领导下的新民主主义革命取得胜利、为建立新中国作出了重大贡献。

二、新中国成立后劳模的特质

新中国成立后，国家百废待兴，工业基础薄弱，农业经济衰败，人民生活水平低下，为了国家政权和经济建设的需要，从 1950 年 9 月至 1960 年 6 月，中国劳模快速发展壮大，党和政府先后召开了四次大规模的全国性劳模和先进生产者代表大会，评选产生了一万多名劳模和先进工作者。这些劳模广泛分布在工业、农业、部队、交通运输、基本建设、财贸、教育、文化、卫生、体育、新闻等国民经济和社会建设的多个方面，他们以忘我的献身精神，激励着一代又一代劳动者为祖国的繁荣富强而拼搏。

这一英模群体堪称新的社会主义制度下的第一代英模。其典型代表人物有“高炉卫士”孟泰、“铁人”王进喜、“两弹元勋”邓稼先、“知识分子的杰出代表”蒋筑英、“宁肯一人脏、换来万人净”的时传祥以及李四光、钱学森、华罗庚、焦裕禄、赵梦桃、郝建秀、倪志福、郭凤莲、张秉贵等一大批先进模范。他们响应党的号召，带动广大群众自力更生、奋发图强。他们在平凡的工作岗位上以不平凡的主人翁责任感、艰苦创业的精神、高尚的忘我的劳动热情与无私奉献精神赢得了社会的尊重，他们获得的劳动模范称号不是靠“评”出来的，而是靠自己干出来的，其蕴含的劳模精神的内涵是“不畏困难、艰苦奋斗、自力更生、无私奉献、刻苦钻研、勇于创新、不怕牺牲、团结协作、爱岗敬业、多作贡献”。

（一）铁人精神，永放光芒

铁人精神是大庆精神的典型化体现和浓缩。其表现主要包括：为国分忧、为民族争气的爱国主义精神；宁肯少活二十年，拼命也要拿下大油田的忘我精神；有条件要上，没有条件创造条件也要上的艰苦奋斗精神；干工作要为油田负责一辈子，经得起子孙万代检验的认真负责精神；不计名利，埋头苦干的无私奉献精神。“铁人”王进喜是新中国第一批石油钻探工人，全国著名的劳动模范。他是大庆人的杰出代表，中国石油工人的光辉典范，中华民族的英雄。他为祖国石油工业的发展和社会主义建设立下了不朽的功勋，在创造了巨大物质财富的同时，还给我们留下了宝贵的精神财富——铁人精神。

王进喜 6 岁时靠讨饭为生，10 岁给地主放牛，15 岁到玉门油矿做苦工，直到玉门油矿解放。1950 年春，王进喜通过考试成为新中国第一代钻井工人。1950 年到 1953 年，王进喜一直在老君庙钻探大队当钻工，他勤快、能吃苦，各种杂活抢着干。他说，党把我们当主人，主人不能像长工那样磨磨蹭蹭、被动地干活。艰苦的钻井生产实践，锻炼了他坚韧不拔的品格和大公无私的先进思想。1956 年 4 月 29 日，王进喜光荣加入中国共产党，这是他人生旅途的一个里程碑。入党不久，王进喜担任了贝乌 5 队队长，在石油工业部组织的以“优质快速钻井”为中心的劳动竞赛中，王进喜提出了“月上千，年上万，祁连山上立标杆”的口号，创出了月进尺 5 009.3 米的全国钻井最高纪录。10 月，王进喜到新疆克拉玛依参加石油工业部召开的现场会。余秋里部长、康世恩副部长把一面“钻井卫星”红旗颁发给他，贝乌5队被命名为“钢铁钻井队”，王进喜被誉为“钻井闯将”。

1959年9月，王进喜出席甘肃省劳模会，被选为建国10周年国庆观礼代表和全国“工交群英会”代表。休会期间，王进喜参观首都“十大建筑”，路过沙滩时，看到行驶的公共汽车上背着“煤气包”，才知道国家缺油，他感到一种莫大的耻辱，这位坚强的西北汉子，蹲在沙滩北大红楼附近的街头哭了起来。从此，这个“煤气包”成为他为国分忧、为民族争气的思想动力之源。

1960年春，我国石油战线传来喜讯——发现大庆油田，一场规模空前的石油大会战随即在大庆展开。他率领1 205钻井队艰苦创业，打出了大庆第一口油井，并创造了年进尺10万米的世界钻井纪录，展现了大庆石油工人的气概，为我国石油事业立下了汗马功劳，成为中国工业战线一面火红的旗帜。

铁人王进喜从普通工人成长为领导干部，但他功高不自傲，始终保持着谦虚谨慎的作风，对工人和家属关怀备至，而对自己和家人却严格要求，一辈子甘当党和人民的“老黄牛”。他说：“我从小放过牛，知道牛的脾气，牛出力最大，享受最少，我要老老实实地为党和人民当一辈子老黄牛。”王进喜在技术上也肯于钻研，他曾带领伙伴用40年代的老钻机，克服技术上的困难，打出全油田第一口斜度不足半度的直井，创造了用旧设备打直井的先例。他与工友们发明了钻机整体搬家、钻头改进、快速钻井等多项技术革新，对改进钻井工艺技术作出突出贡献，被油田党委授予“工人工程师”称号。王进喜等人的经验和做法，很多成了油田的规章制度。如“三老四严”（即当老实人、说老实话、做老实事，严格的要求、严密的组织、严肃的态度、严明的纪律）和“回访”制度等，还在全国工业系统推广。1960年4月29日，“五一”万人誓师大会上，王进喜成为大会战树立的第一个典型，成为大会战的一面旗帜。号召一出，群情振奋，战区迅速掀起了“学铁人、做铁人，为会战立功”的热潮。王进喜带领石油工人为我国石油工业的发展顽强拼搏，“铁人精神”“大庆精神”成为激励各族人民意气风发投身社会主义建设的强大精神力量。

铁人为发展祖国的石油事业日夜操劳，终致身心交瘁，英年早逝，年仅

47 岁。但铁人永远活在人们的心中——每年都有成千上万的人来到位于第一口井旁的铁人纪念馆瞻仰铁人。铁人纪念馆党支部书记刘仁说:“铁人不仅是工人阶级的先锋战士、共产党人的楷模,他更是一个顶天立地、光前裕后的民族英雄。为国家分忧解难、为民族争光争气,从这个意义上说,铁人精神就是我们的民族魂。”

(二) 鞠躬尽瘁,死而后已

两弹元勋邓稼先(1924—1986)是中国杰出的科学家,中华民族核武器事业的奠基人和开拓者。邓稼先 1945 年毕业于西南联合大学,1948 年考入美国普渡大学物理系读研究生,获物理学博士学位,1950 年回到祖国,参加和领导我国核武器的研究、设计工作。

1958 年,邓稼先调到新筹建的核武器研究所任理论部主任,负责领导核武器的理论设计,随后任研究所副所长、所长,核工业部第九研究设计院副院长、院长,核工业部科技委副主任,国防科工委科技委副主任,1972 年任核工业部第九研究院副院长,1979 年又任院长。

邓稼先从 34 岁接到命令研制中国的“大炮仗”以来,在爱妻的理解和支持下,告别妻子和两个幼小的儿女,隐姓埋名进入戈壁滩。开始秘密从事研究原子弹的理论设计工作,并于 1959 年 6 月,成为该项目负责人。他带头攻关技术难题。一次,航投试验时出现降落伞事故,原子弹坠地被摔裂。邓稼先深知危险,却独自一个人抢上前去把摔破的原子弹碎片拿到手里仔细检验。身为医学教授的妻子知道他“抱”了摔裂的原子弹,在邓稼先回北京时强拉他去检查。结果发现他的小便中带有放射性物质,肝脏破损,骨髓里也侵入了放射物。随后,邓稼先仍坚持回核试验基地。在步履艰难之时,他仍坚持自己去装雷管,他以院长的权威向周围的人下命令说:“你们还年轻,你们不能去!”“我是院长,必须听我的命令!”这种危险性事件很多,加工放射性极强的原子弹核心部件时,他站在工人身后,说:“咱们有难同当。”他一直站了一天一夜,直到次日早晨加工完毕,他才迈着僵硬的双足离开。在三年困难时期,他们日夜加班,置身荒北大漠之中,忍受饥肠辘辘,在试验场度过了 8 年的单身汉生活,终于在 1964 年成功爆炸了第一颗原子弹,也奠定了他中国原子弹之父的地位。

1984 年,他在大漠深处指挥中国第二代新式核武器试验成功,翌年,他的癌细胞扩散已无法挽救。1986 年 7 月 16 日,国务院授予他全国“五一”劳动奖章;同年 7 月 29 日,邓稼先临终前,仍然嘱托尖端武器方面的后辈人:“不要让人家把我们落得太远。”他是一个把一生献给祖国的人。

(三)爱国奉献、拼搏协作

勤勉朴实的伟人、知识分子的杰出代表蒋筑英出身于杭州一个旧职员家庭。他的父亲是旧社会的过来人,有些政治历史问题,1954 年被错判入狱,但他相信党,相信革命事业,他努力学习,两年后,考取了北京大学物理系。由于家庭经济困难,他是靠人民助学金完成学业的,他学习异常刻苦,准备将来报答党和人民。1962 年,大学毕业的蒋筑英写信说服了母亲,来到长春,考取了研究生。这就是他走向科学迷宫的起点。蒋筑英是我国光学界的优秀人才,他那饱满的进取精神和淡泊、坦荡的高尚人格,给人们留下了宝贵的精神财富。

蒋筑英生前系中国科学院长春光机所副研究员,他在科研中勇于探索,刻苦钻研,任劳任怨,在光学机械检测等领域做了大量工作。1965 年,他和他的研究小组研制出了中国第一台光学传递函数测量装置,建成了国内一流的光学检测实验室。以后又设计了中国第一台电子分色机的分色特性和镀膜要求,先后解决了国产镜头研制工作中的许多关键性技术难题。他撰写的《关于摄影物镜光谱透过率》对中国的电影电视事业具有重要指导意义。他是光学传递函数的计算、装置、测试以及编制程序、标准化等方面的专家。他对待同志、荣誉和个人利益有着坦荡的胸怀和高尚的风格。他掌握英、德、法、俄、日 5 门外语,翻译了大量外文资料,但从不据为己有。他帮助同事一遍又一遍修改论文,发表时却不让署他的名字;他和别人共同研究取得的科研成果受到光学界的重视,被邀请出席学术会议作报告时,他让合作的同事去,把荣誉让给别人;研究所评职称、分房子、提工资,他多次主动让给别人。

蒋筑英作为一个为祖国科技工作作出了巨大贡献的人,在平常的日子,却总是以一个普普通通的劳动者身份，生活在人民群众当中。有一分光，放一分热。图书馆登记处的钢笔坏了，他修补；同志生病了，他亲自去看；当地缺奶粉，他托人从外地替同事买回来；厕所不通，他去维修；马路上有铁钉，他去扫，怕刺破别人的自行车轮胎……蒋筑英认真勤勉地工作，时时处处为别人着想，争做好人好事，诚心诚意为人民服务。1982 年 6 月，蒋筑英到外地工作期间，由于过度劳累，病情恶化，不幸逝世，年仅 44 岁。他被追授为全国劳动模范，追认为中国共产党党员。

这一时期的劳模既有在生产一线岗位成才的知识型、创新型技术工人，也有科研战线的领军人物。“一不怕苦、二不怕死”的硬骨头精神和“老黄牛”形象是他们的真实写照，提高操作技能和熟练程度、提升技术水平和生产能力、提出合理化建议和总结推广先进经验、从生产型向技术革新型转变是这一时期劳模们的典型特征。这一阶段，劳模队伍的迅速壮大及其具有的示范引领作用，为国民经济的恢复、社会主义建设在各条战线的起步与发展作出了重大贡献，为树立社会主义劳动观念、推广劳模经验、提高生产工作效率、提升组织管理协作水平发挥了重大作用。

三、改革开放历史新时期劳模的特质

改革开放以来，中国社会从计划经济体制转向市场经济体制，社会的主导性价值观亦在作相应的变化，反映在劳动模范身上的时代精神亦在进行相应的“调整”。劳模精神也是与时俱进的，它应当发出时代的最强音。

新时期的劳模既有六七十年代劳模身上默默耕耘、无私奉献的“老黄牛”精神；同时，又是新时期各行业的“能手”和“专家”，担当着“领头羊”的重要角色，他们爱党、爱国、爱社会主义，有为中国特色社会主义建设勇于献身的主人翁精神。他们既是贯彻执行党的各项方针政策的带头人，又是带领群众、向群众宣传党的方针政策的模范。因此，他们必然成为党联系群众的桥梁和纽带。他们在自己的岗位上默默奉献，体现着新时期对劳动模范的要求。随着时代的变迁，劳模的评选范围发生着改变，从最初的生产一线工人扩展到知识分子，再到企业家，甚至评选范围从国有企业再到现在的民营、股份制企业，他们以自己的不懈奋斗昭示了新时期“劳动创造历史、劳动

无上光荣"的精神。

改革开放时期,出现了"蓝领专家"孔祥瑞、"人民英模"吴仁宝、"金牌工人"窦铁成、"新时期铁人"王启明、"新时代雷锋"徐虎、"知识工人"邓建军、"马班邮路"王顺友、"白衣圣人"吴登云、"中国航空发动机之父"吴大观等一大批劳动模范和先进工作者,他们干一行、爱一行,专一行、精一行,带动群众锐意进取、积极投身改革开放和社会主义现代化建设,为国家和人民建立了杰出功勋。

(一)刻苦钻研,开拓创新

改革开放时期,各行各业的劳模既秉承老一代劳模吃苦耐劳、无私奉献的传统,又独具勇于创新、开拓进取的新时代劳模精神。

孔祥瑞,1955 年 1 月生,天津港煤码头公司孔祥瑞操作队队长兼党支部书记。他是伴随天津港建设发展而成长起来的新时期知识型产业工人,他以敬业爱岗、勤奋钻研的工作态度,在平凡的工作岗位上取得了不平凡的工作业绩。工人孔祥瑞虽然只有初中文凭,但他刻苦钻研,锐意创新,取得 180 多项科技成果,成为家喻户晓的"蓝领专家",被誉为当代知识型产业工人的楷模。

1972 年,孔祥瑞初中毕业后被分配到天津港码头当工人。1985 年,他放弃了去职工大学深造的机会。他说,生产实践这个大课堂,照样培养人。于是,他把工作岗位当成课堂,把生产实践作为教材,把设备故障作为课题,把身边拥有一技之长的工友当作老师,勤奋学习、刻苦钻研。他还有个记工作日志的习惯,每天随身携带小本子,设备出现哪些故障、什么原因、修理过程、注意事项等都一一记录在案。日积月累,一本本工作日志成为他搞技术创新的资料库。孔祥瑞同志几十年如一日,如饥似渴地钻研,扎扎实实地学习,把生产实践当作课堂,把每一次技术改造当作课本,成为港口工人的标杆。

在实践中,孔祥瑞坚持边干边学,学以致用,把"死"知识变成"活"知识,把"活"知识变成真本事,用"小革新"解决"大问题"。岗位上的刻苦钻研,使孔祥瑞逐渐成长为一名专家。一次,码头上一台门式起重机的旋转大轴承出现异响，这有可能是缺少润滑，但也可能是重大事故的前兆。如果不拆卸进行彻底检修，门机就有可能瘫痪；如果拆卸下来后发现没有问题，企业会蒙受上百万元的经济损失。大家不知道该拆还是不该拆。孔祥瑞冷静地听了听响声，要求立即拆卸，结果发现滚珠已经散落出槽。门机的故障及时排除了，孔祥瑞“听音断病”的绝活也出了名。

2001 年，天津港冲击亿吨吞吐量，作为当时天津港最大的装卸公司，孔祥瑞所在的六公司承担作业量达 2 500 万吨，要求 18 台门机比往常要多干三分之一的活。经过反复观察和思考，他发现门机抓斗放料时，抓斗要先下降进舱，然后打开放料，再提升。在打开抓斗放料那一刻，会有一小会儿的停滞。于是，他尝试把抓斗打开放料和车钩提升的两个动作合起来，让抓斗边放料边提升。通过将操作杆移动轨迹由“十”字形变为“☆”形，用一个指令控制两个动作同时完成。这项发明，使门机每钩作业时间节省 15.8 秒，平均每天多干 480 吨的活，六公司当年超额完成任务。这项“门机主令器星形操作法”被天津市总工会命名为“孔祥瑞操作法”，成为天津市职工十大优秀操作法之一。现在，这个“金点子”已在全国推广。2003 年，他主持的“门座式起重机中心集电器”技改项目，被授予国家级实用型发明专利。

一名仅有初中学历的普通工人，34 年间创造了 150 多项科技成果，为企业创造效益 8 400 多万元。孔祥瑞在为企业创造出经济效益的同时，也使他所在部门的机械设备使用管理跨入同行业全国领先、世界一流的水平。孔祥瑞以“当代工人，只有有知识、有技能，才能有力量”为座右铭，坚持学习，坚持实践，坚持创新，从一名只有初中文凭的码头工人，成长为一名享誉全国的“蓝领专家”。

（二）合作共进，坚持梦想

吴仁宝，1928 年 11 月生，江阴市华士镇华西村原党委书记，全国劳动模范，华西集团董事公司副董事长、副总经理。吴仁宝 30 多年来带领华西村艰苦创业，走社会主义共同富裕的道路，成功地把昔日偏僻落后的穷华西建成了富裕、美丽的新华西，成为名副其实的“天下第一村”，创造了中国农村多项“第一”，他也被人们誉为“农民思想家”“中国农民第一人”。

1961 年，吴仁宝担任江苏省江阴市华西村党委书记时，就立志要改变华西村贫穷落后的面貌。1964 年，他和村里其他领导一起制定了华西村十五年发展规划。在他的带领下，华西村成了家家有余钱、户户住新房的“幸福村”。

改革开放使吴仁宝如虎添翼，他跳出单一农业经营的思想框框，调整经济结构，走出一条农副工综合发展的道路，吴仁宝说：“我是穷过来的，看到有人穷我就心疼，最大的心愿就是让穷人过好日子，这是我的原动力。无论任何时候，我都坚信一点，共产党是要为大多数人民谋幸福的。什么是社会主义？人民幸福就是社会主义。”正是凭着这个信念，他们先后办起了以冶金、纺织、有色金属为主的多个企业，全村大部分劳力投入了工业生产；在副业上，他通过专业承包形成了较大的养殖规模。工副业的崛起为现代化农业的稳定发展铺平了道路，农业的稳定又促进了工业的发展，才有了今天的“天下第一村”。华西村有个“土标准”：社会主义不是空洞的口号，而是实实在在可触可及的，是让人民真正幸福。吴仁宝使华西村建成了江苏最大的村级乡镇企业集团。华西村的发展成为中国众多乡村走向共同富裕的一个缩影。作为华西村 30 多年的“老当家”，吴仁宝清正廉洁，坚持做到不拿全村最高工资，不住全村最好房子，不领全村最高奖金。他荣获“全国劳动模范”“全国十大扶贫状元”等光荣称号。

（三）铸就人格，提升思想

“新时代雷锋”徐虎出生于 20 世纪 50 年代，从 1989 年开始连续五届被评为全国劳动模范。徐虎是一名水电修理工，在水电修理工的平凡岗位上，长期积极主动地为居民排忧解难，用“辛苦我一人，方便千万家”的精神，谱写了一曲新时代的雷锋之歌，被人亲切地称作“19 点钟的太阳”。

1975 年，徐虎进入上海市普陀区中山北路房管所，成为一名水电维修工，担负起管区内 6 000 多户居民的水电维修、房屋养护工作，用他自己的话来说：“工作就是通马桶、修电灯、换电线，每天重复。”但正是这份重复单一的工作，他一干就是一辈子。

1985 年 6 月 23 日，为解决高峰时段水电故障，方便居民水电通畅，三只有醒目标识的“水电急修特约报修箱”出现在了徐虎所管辖的地区居委会、电话间、弄堂口。上面写着：“凡附近公房居民遇到夜间水电急修，请写清地址，将纸条投入箱内，本人将热忱为您义务服务，开箱时间19点”，落款“中山房管所徐虎”。19点，从此成为徐虎生命中一个重要的时间。每晚的这个时刻，当千家万户围拢在一起吃晚饭、看电视的时候，徐虎总会奔波在去居民家中修理的路上，一诺千金，风雨无阻。从1985年到1996年的11年间，他除了外出开会、住院开刀，从没有失信过。徐虎总说：“如果我不去准点开箱，就意味着将有家庭在断水、断电中度过，我自己订的规矩得自己遵守啊。”

有8个除夕夜，他都是在工作一线度过，被群众亲切地称为“19点钟的太阳”。他主动带徒，手把手地将自己的专业技能和服务理念传授给徒弟，形成了广泛的“徐虎效应”。1997年前后，由于通信条件的改善，电话逐渐代替了纸条，一条24小时的“徐虎热线”开通了。

徐虎办公室的电话乃至家中的电话，都成为“徐虎热线”的延伸。热线开通后的十余年，每年都要接到各类报修、咨询电话3万个左右。“徐虎热线”逐渐取代了斑驳开裂的“夜间服务箱”，但留给居民业主心中的依靠和希望依旧明亮。在上海各行各业的服务热线中，“徐虎热线”的知名度、美誉度始终名列前茅。1998年以后，徐虎开始从事管理工作。从普通的水电维修岗位到企业管理岗位，角色变了，但“辛苦我一人，方便千万家”的信念不变，徐虎仍一如既往地用自己的敬业、钻研和奉献精神，积极钻研物业管理和现代经营管理理论，结合实践撰写了多篇具有前瞻性和可操性的研究论文。徐虎曾说：“如果我的名声能为居民群众解决后顾之忧提供方便，那将是我成为劳模后更高兴的事。”

在推动中国革命、建设和改革的伟大历程中，一代又一代的中国工人阶级以自己的模范行动，发挥了中流砥柱的作用，体现了崇高的精神风貌，形成和发展了工人阶级伟大品格和劳模精神。劳模精神是中华民族精神的重要组成部分，是工人阶级先进性的集中体现，是时代的宝贵财富，劳模精神已经成为激励全国各族人民团结奋斗、勇往直前的动力源泉，成为构建和谐社会的重要精神力量。

从时传祥、王进喜，到倪志福、郝建秀，从李素丽、徐虎、王选、袁隆平，到李斌、许振超、王建军、李银环、于凯等，尽管每一时代的劳模群体也都呈现出多元的组合，以体现对不同劳动价值的肯定，但总的趋势，社会对劳动价值的评判，正在从出大力流大汗、苦干加巧干，向知识型、创造社会效益和经济效益的方向转变。这样的变化，与中国从农业社会向工业化社会转型，并逐步向世界开放的过程合拍。每一个时代所推举出的劳模，都代表着该时代的先进生产力和健康向上的力量。在社会主义建设的伟大征程中，劳模以忘我的献身精神，激励着一代又一代劳动者为祖国的繁荣富强而拼搏。劳模精神，实际折射出一个时代的人文精神，反映出一个民族在某一个时代的人生价值和思想道德取向，它简洁而深刻地展示着一个时代的人之精神的演进与发展;它凝重而浪漫地体现着一个民族的时代思想与情愫。劳模精神展示了中华民族顽强拼搏、自强不息的崇高品格，体现了我们伟大的民族能够与时俱进、开拓创新的精神风貌。无论时代如何变迁，劳模身上所体现出的主人翁责任感和艰苦创业精神，忘我的劳动热情和无私奉献精神，良好的职业道德和爱岗敬业精神，都将是推动社会主义建设不断前进的强大动力。

第二章
爱岗敬业——职业道德建设中的劳模精神

当今的世界是不确定因素越来越多的时代，是知识更新越来越快的时代，也是挑战更加严峻、竞争更加激烈的时代。而社会的延续和进步必须依靠职业活动，它是人类生存、发展的现实基础和根本前提。人们要满足自身的物质文化生活的需要，推动人类文明不断地向前发展，就不能不从事各种职业活动，并且必须具有一定的爱岗敬业精神。爱岗敬业精神是动员、凝聚、鼓舞和推动社会发展的无形力量，培育和发展爱岗敬业精神，对于文化的发展和经济社会的发展具有越来越重要的作用，决定着该国家和民族在未来的竞争中能否持续兴旺发达。劳模作为工人阶级的代表，是社会各行业劳动生产中的模范和典型，其在工作和生活中所表现出的以“爱岗敬业、争创一流、艰苦奋斗、勇于创新、淡泊名利、甘于奉献”为主要特征的劳模精神就是社会主义职业道德建设的关键所在。

第一节　爱岗敬业的伦理性认知

一、爱岗敬业精神的文化内涵

爱岗敬业自古以来就是职业道德的重要话题，备受人们的重视。爱岗敬业的基本要求就是人要对自己所从事的职业具有敬重的情感，并恪尽职守，履行自己的社会义务。爱岗，就是热爱自己的工作岗位，热爱本职工作，是指职业工作者以正确的态度对待各种职业劳动，努力培养出热爱自己所从事的工作的幸福感、荣誉感。敬业，就是用一种严肃的态度对待自己的工作，勤勤恳恳、兢兢业业，忠于职守，尽职守责。孔子称之为“执事敬”，朱熹解释其为“专心致志，以事其业”。

作为一种职业道德，爱岗敬业蕴涵职业人员对社会分工的必要性和现实性的尊重。从古今中外文化比较的角度可以看到，爱岗敬业是各种职业道德、文化传统的共同要求。

（一）传统儒家的敬业观

封建社会时期，儒家思想被各个王朝所推崇，并影响国人几千年的观念。儒家思想也特别重视对敬业精神的提倡和培养，主要包括忠、勤、自强、奉献等传统社会所倡导的美德。

其中，“忠”和“勤”构成了敬业精神的核心。“忠”指的是对所从事事业的忠诚无私和憧憬热爱。《论语》记载：“子张问政。子曰：‘居无行倦，行之以忠。’”《忠经》也讲：“忠者，中也，至公无私。”《朱子类语》中也提到：“竭尽自己之心。”这些都是要求对自己所服务的对象真心诚意、竭尽所能，体现的是一种内在道德理性的自觉。“勤”则是与“忠”相辅相成的，“忠”只有与“勤”协调一致、互为补充才能得到较好的发挥。“勤”是指勤勉奋发、尽职尽责，是指在业务上更加熟练和精细，达到“业精于勤”“勤则不匮”。“忠”和“勤”的高度统一构成了古代敬业精神的最高境界，尤其在涉及国家、社会、民族利益的重大问题上，这种精神往往能够从一般意义上升为一种真诚而庄重、高尚而热烈的道德义务感和社会责任感，激励人们为事业孜孜不倦、殚精竭虑，从而推动社会的发展与进步[①]。

“自强”反映的是敬业主体的精神气质，表现在外在风貌和内在品德的和谐统一上，即对事业的追求始终保持一种积极向上、努力拼搏、坚持不懈和持之以恒的态度。儒家学说非常重视对“自强”的倡导，甚至把它看作是

① 雷德志：《中华民族传统美德概论》，北京：人民出版社，1996 年版，第 67－72 页。

事业有成的保障。孔子的“发愤忘食，乐以忘忧，不知老之将至”和荀子的“锲而不舍，朽木不折；锲而不舍，金石可镂”所讲的正是这个道理。自强是一个永不止息的过程，只要坚持勤勉不倦的奋发进取精神，就会取得最终的胜利。要是想自强不息，内在的品德修行也是很重要的。儒家认为，没有内在品德的积养和修炼，对事业的不懈追求就会变成一句空话。儒家自强的思想，极大地激发了敬业主体的主观能动性，造就了整个民族自力更生、奋发图强、拼搏不已的优良的敬业传统，在历史上产生了深远的影响。

“奉献”就是为了社会、国家、集体、公益和个人事业倾其所能，努力贡献。儒家非常重视奉献精神的培养，传统儒家伦理社会的存在和发展也主要是依靠每个社会成员自觉或不自觉地发扬奉献精神来维系的。《荀子·王制》中提到：“分则和，和则一，一则多力，多力则强，强则胜物。”即是说如果每个人在自己的职责范围内都能充分发挥才智、尽心奉献，就会形成强大的合力，战胜一切困难，从而推动整个社会向前发展。也就是说，社会的发展需要人的奉献。除此之外，奉献还是个人实现自我价值的需要。儒家以完善自身、增进道德、成就治国平天下的事业作为人生的最高追求，认为人的生命只有与道德、事业相联系起来，只有在道德、功绩等方面对社会有所贡献，人的生命才有意义，自身的价值才能得到真正的体现。在此精神的鼓舞下，奉献精神作为民族之魂得到了发扬，并激励着一代又一代的有为之士为国家、民族的利益鞠躬尽瘁，死而后已。

可见，儒家思想所倡导的敬业精神，包括“忠”“勤”“自强”和“奉献”，在中国近千年的历史发展中发挥着重要的作用。但是，作为历史的产物，其也有着自身的历史局限性。从表面上看，我国古代敬业精神在内容上具有普遍性，在社会价值上标榜社会公益至上，强调敬业为公，但是由于封建王朝君主权威至高无上，君即为公，儒家强调的对国家、对民族的忠诚和奉献，其实很片面地表现为对君主效忠、为君主奉献，从而具有其历史的局限性。

（二）近现代中国的敬业观

进入近代后，爱岗敬业精神主要体现为我国工人阶级在长期斗争中形成的优良美德和光荣传统。从战争年代到社会主义建设的和平年代，我国工人阶级不怕流血，不怕牺牲，不怕困难，凭借着热爱党、热爱祖国、热爱人民、热爱社会主义事业的赤胆忠心，凭着对民族的解放、祖国的繁荣和人民的安康而艰苦奋斗、顽强拼搏的理想信念，求实创新、团结奋进，在我国社会主义建设历史上谱写了一曲曲敬业、乐业的赞歌。

党的十八大以来，中央高度重视培育和践行社会主义核心价值观，倡导富强、民主、文明、和谐，倡导自由、平等、公正、法治，倡导爱国、敬业、诚信、友善，这 24 个字高度凝练和集中表达了社会主义核心价值体系。其中，“爱国、敬业、诚信、友善”是从个人行为层面出发，对公民的基本道德规范。敬业是对公民职业行为准则的价值评价，要求公民忠于职守，克己奉公，服务人民，服务社会，充分体现了社会主义职业精神。

因此，从广义上来看，在近现代中国，爱岗敬业精神就是我国工人阶级高度社会责任感、强烈事业心和高度爱国心的写照。从狭义上来看，爱岗敬业精神是奋战在我国各个企业中的广大职工热爱本职工作、坚守岗位职责和为人民服务的作风和行为的具体化，是广大职工职业道德、理想信念、人生价值和苦乐观的体现。归根结底，敬业精神是企业广大职工岗位职责和思想行为的具体化，是职业道德建设的重要表现，是企业文化建设和思想建设的重要内容。在此意义上，爱岗敬业精神既体现了一个人的思想觉悟、工作态度和工作作风，又反映了企业职工队伍的整体素质。换句话说，爱岗敬业既是一种精神，又是一种行为，是职工热爱本职工作的精神与行为的有机结合。

爱岗敬业精神具有丰富的内涵。具体地讲，主要有四个方面：

一是具有爱岗、爱企业和爱行业的信念。爱岗敬业精神就是爱岗、爱企业的精神。爱岗是爱企业的基础，只有爱岗，才会敬业，才会做好本职工作。反过来，只有爱企业，将企业当作自己的家，才能更好地爱岗，爱岗是敬业的有形载体。

二是较强的事业心和责任感。事业心和责任感是形成爱岗敬业精神的一个重要的内在动因。一个缺乏事业心的人，就谈不上爱岗，更谈不上敬业、乐业。事业心强，对企业发展的责任心就越强，敬业精神就会表现得越突出，对企业的归属感也更强烈。

三是正确的人生观。理想是人生行为的指路灯，不同的人生观、不同的理想，决定了不同的事业心和奋斗目标。一个人如果只为自己，其在工作和生活中的表现就是只追求个人名利，只计较个人的事，当个人利益与集体利益、国家利益发生矛盾时，就会为满足个人利益而损公肥私、损人利己，而其事业心、责任心则荡然无存，其爱岗敬业精神更无从谈起。如果把党的利益、国家的利益、人民的利益和集体的利益放在第一位，在具体的生活和工作中，就会一切从工作实际出发，一切从大局出发，不管有多大的困难，都能以正确的态度、坦荡的胸怀和忘我的精神，做到热爱岗位、做好事业，在本职工作中发扬爱岗敬业精神。

四是正确的价值观。要有正确的价值取向，把自己的命运同集体和企业的命运紧密联系在一起，努力克服享乐主义、拜金主义的倾向，一切工作不是从个人得失出发，而是从企业长远发展出发。只有拥有正确的价值观才会拥有崇高的思想境界，拥有克服困难的意志品质，也才会拥有良好的工作作风和执着的事业信念，从而能够做到干什么工作都感到有价值、有意义、有乐趣，干一行爱一行，不分高低贵贱，不分繁简轻重，尽心尽职地工作，为企业的发展，为国家的昌盛，为社会主义事业的繁荣作出自己的贡献。

（三）劳模与爱岗敬业精神

劳动创造世界，实干成就未来。历史发展过程中，所有来之不易的物质和精神成果都来源于劳动的创造，劳动者是“大众创业，万众创新”的践行者，是中国改革开放的排头兵。著名企业家、教育家聂圣哲最早提出了“工匠精神”一词，他培养出的工匠喜欢不断雕琢自己的产品，不断改善自己的工艺，享受着产品在双手中升华的过程。伴随着社会文明的进步与国家产业和教育战略的调整，人们的求学观念、就业观念、用人观念都朝着工匠精神中的敬业、精益、专注、创新等方面转变。

“工人伟大、劳动光荣”是当今时代的主旋律，要大力弘扬劳模精神、劳动精神、工匠精神，像先进人物那样，树立自觉学习、刻苦学习、终身学习的理念。要学习时事政治，关心国家大事，增强社会责任。要学习专业知识，参加技术培训，努力掌握新知识，提高新技能，增长新本领，不断发展工人阶级先进性。工匠精神与劳模精神彰显了社会主义核心价值观的深刻内涵，体现了以爱国主义为核心的民族精神和以改革创新为核心的时代精神。

劳模是工人阶级的先进代表，劳模精神也是我国工人阶级优秀品质的集中体现，在不同的历史时期，劳模精神一直鼓舞和激励着工人阶级满腔热忱地投身于社会主义建设的伟大实践。在我国构建社会主义和谐社会、全面建设小康社会的新的历史时期，劳模精神被赋予了更新的时代内涵，与时俱进，不断丰富和发展，在职业建设和社会发展中主要体现为强烈的主人翁责任感，忘我劳动、爱岗敬业、勇于创新的精神，与时俱进、刻苦学习的优秀品格，是激励广大职工满腔热情地投入社会主义现代化建设的强大精神动力。

新的历史时期，爱岗敬业精神的内涵主要体现在以下几个方面：

第一，强烈的主人翁责任感。主人翁责任感就是把国家利益和人民利益放在首位，勇于承担历史使命的责任意识。目前，虽然我国的基本经济制度已经转变为坚持公有制为主体、多种所有制经济共同发展，但无论哪一种所有制形式，归根结底都属于构建社会主义和谐社会的根本目标。因此，同样需要工人阶级站在全局的高度，以强烈的主人翁责任感承担起自己的历史使命，充分发挥主力军作用。

第二，忘我劳动、爱岗敬业、勇于创新的精神。忘我劳动、爱岗敬业、勇于创新是劳模精神的精髓。尽管时代变迁，但以劳动模范为代表的几代工人阶级始终保持和发扬了这一光荣传统，为我国社会主义建设作出了卓越贡献。目前，虽然我国社会主义市场经济深入发展，但忘我劳动、爱岗敬业、勇于创新的劳模精神不会过时，而且无论在何种所有制形式下，无论在何种时代，劳模精神都是推动生产力向前发展的强大精神力量。

第三，与时俱进、刻苦学习的优秀品格。与时俱进、刻苦学习是工人阶级先进性的重要体现，也是工人阶级担当主力军的重要保障。从各个时期涌现出来的劳动模范身上，我们可以清晰地看到，劳模精神代表着一个时代的思想光辉，并与时代发展的脚步一致，成为推动时代前进的强大动力。现在，在构建社会主义和谐社会的新的历史时期，在整个社会进入信息社会的时代，我们从新一代劳动模范的身上，也同样看到了与时代同步的新的精神气质——善于刻苦学习、勇于创新，以精深的专业技能成为本行业、本岗位的专家或能手。

总之，爱岗敬业精神自古就有，主要强调忠诚、勤勉、自强和奉献精神在个人的事业和国家发展中的重要作用。进入到近代以后，爱岗敬业精神则主要是指工人阶级在抵御外部侵略势力和进行内部经济社会建设过程中，不怕流血牺牲，排除艰难险阻，怀着高度的责任心和强大的意志力，在建立和建设社会主义事业中勇于奉献自己的力量，热爱本职工作、坚守岗位职责和全心全意为人民服务的精神，是为人民服务和集体主义精神的具体体现，是社会主义职业道德一切基本规范的基础和核心。而劳动模范身上所折射出的劳模精神与爱岗敬业精神的内涵也是高度一致的，劳模是在社会主义生产和建设中产生的劳动能手和职业典范，爱岗敬业精神是劳模精神的本质特征。

二、爱岗敬业精神与人的发展

在社会主义市场经济条件下的每一位从业者，无论是从事生产劳动、生活服务还是行政管理，也无论是成为机床工人、后勤杂工还是管理人员，他们都承担着一定的社会职能，而且这每一种职能都是社会不可缺少的，都是有价值的、高尚的。“专人做专事”是职业的第一个特征，每一位从业者都在社会分工中获得和扮演着一个公共角色。在现阶段，就业不仅意味着掌握了一个主要的谋生手段，并以此获得生活来源，使自己的物质生活得到一定的保障；还意味着有了一个社会承认的正式身份，通过职业承担起一定的社会职责和义务，使自己的公共角色得到确认，使个体得以全面发展，实现人生理想。但是，在职业活动中有一些东西，如岗位的责任和任务、岗位的固定性、业务技能要求、制度规范约束、效益和利益的比较、乃至职业的社会形象等，都会对从业者形成一定的压力或挑战。如何克服压力、战胜挑战、在职场中做出一番成绩，并且体会到生活的乐趣、实现人生的价值？爱岗敬业精神对于从业者实现自身价值具有重要意义。

（一）爱岗敬业精神是劳动者获得成功的基本条件和内在动力

人才是“德”和“才”的有机统一，敬业精神是古今中外对人才“德”的方面的基本要求，大凡事业上有伟大成就的人往往具有高尚的敬业精神。同时，敬业精神是从业者的“才”得以挖掘、显现并发挥、发展的动力。伟大诗人但丁说过：“道德常常填补智慧的缺陷，而智慧永远填补不了道德的缺陷。”美德出良才，具有敬业精神的从业者，在自己的工作中兢兢业业，默默奉献，无可置疑地因其谨慎务实的入世态度、出类拔萃的业务水平而终将取得骄人的业绩，无可争议地获得职称晋升。

（二）敬业精神不仅是完美人格的构成要素，而且是塑造完美人格的重要条件

完美的人格应该是一个人的气质和风度、学识和才华、品质与品格的总和，而敬业精神是构成完美人格的重要品质、品格之一。完美人格的塑造既靠社会条件的制约和影响，又靠自己的锻炼和修养。没有在职业活动中的锻炼和修养，没有敬业精神的塑造和支撑，人们的气质和风度就会黯然失色，学识和才华也会无用武之地。具有敬业精神的从业者往往因为其以大局和工作为重的行事作风、团结协作的处世原则、乐于奉献的生活理念而获得良好的人际关系，不断地完善自身的人格。

（三）敬业精神是一个人在社会主义现代化建设中建功立业、实现其人生价值和社会价值的重要保证

近代学者梁启超在他撰写的题为《敬业与乐业》的文章中，提出一个令人深思的问题：“业有什么好敬呢？为什么该敬呢？”梁启超讲了两点理由作为回答：第一，“人类一面为生活而劳动，一面也是为劳动而生活”，劳动、做事就是生命的一部分；第二，“凡职业没有不是神圣的，所以凡职业没有不是可敬的”[①]。一个人如果只把谋生致富当作职业追求，那么他在职业中只不过是一个“挣钱机器”，就不会产生职业的责任感，也决不会体会到从业的乐趣、人生的乐趣，无法实现其人生价值。决定人生价值的不是职业的差别或个人能力的大小、收入的多少，因为社会分工系统中的每一个岗位，无论多

① 夏晓红:《梁启超文选》,北京:中国广播电视出版社,1992年版,第761、480页。

么平凡，都是维系社会系统所必不可少的，是人民生活须臾不可离的。在共同的理想和目标下，把职业放在“为人民服务”的天平上衡量，凡是能够为社会进步、国家富强、人民幸福作出贡献的职业，都是有价值的、高尚的。从业者的人生价值是通过他们的品格、劳动态度和对社会的实际贡献来实现的。人只有通过能动的创造活动，才能赋予物以能够满足人的需要的价值意义，人的价值实现就在这实际的工作中体现出来。我们要完成伟大的历史使命，每个从业者就必须具有强烈的使命感和责任感，培养和锻炼优良的职业道德品质，树立高尚的敬业精神，在工作中身心愉悦、全身心投入，只有这样才能面对挑战，担负起新世纪的历史重任，从而既实现了自己的价值，又为社会创造了价值。

（四）爱岗敬业精神与人的全面发展是统一的

人的全面发展有着两个层面上的内在意蕴：一是指物质层面上的独立自主，即经济上的独立自主；二是指精神层面上理想人格的生成，即伦理道德的发展。前者是后者的依赖和基础，后者是前者的拔高和升华。而爱岗敬业精神作为内化于人的精神，为人的全面发展提供了一条可行的道路。

三、爱岗敬业精神在社会发展中的地位和作用

爱岗敬业精神既是发展中国家走向现代文明的必要条件，也是已经步入现代文明的发达国家持续前进的内在动力，任何民族的社会发展都离不开文化精神的支撑。德国社会学家马克斯·韦伯在《新教伦理与资本主义精神》一书中提出并验证了一个著名的社会学假说，即：透过任何一项事业的表象，可以在其背后发现有一种无形的、支撑这一事业的时代精神力量，这种以社会精神气质为表现的时代精神，与特定社会的文化背景有着某种内在的渊源关系；在一定条件下，这种精神力量决定着这项事业的成败。韦伯认为，近代西欧之所以能够产生资本主义，社会和经济得到很大发展，跟基督教禁欲主义提倡履行世俗义务、尽忠职守、把诚实劳动和工作视为天职的新教伦理以及资本主义精神的支撑有着密切的关系。韦伯的思想给我们以深刻的启迪，那就是富于时代特征的职业精神对于社会的发展具有重要

的意义，是一个民族、一个国家、一个社会安身立命、发展进步的精神动力。因此，敬业精神在社会主义现代化建设中也具有巨大的社会价值。

社会主义条件下的爱岗敬业，既符合我们社会所提倡的品德要求，也是一种政治觉悟。新中国成立以来，涌现出了成千上万的劳动模范，他们有强烈的主人翁责任感，在艰苦的工作岗位上努力奋斗，默默奉献。这既是弘扬传统的美德，也是社会主义事业的要求；既是尊重自己的生命价值，尊重自己的人格，也是尊重他人的利益，尊重国家的利益。

（一）敬业精神是职业道德的基础与核心，促进社会主义职业道德的建设

职业道德是所有从业人员在职业活动中应该遵循的行为准则，涵盖了从业人员与服务对象、职业与职工、职业与职业之间的关系，是在一定职业活动中应遵循的、体现一定职业特征的、调整一定职业关系的职业行为准则和规范。职业道德通过爱岗敬业、诚实守信、办事公道、服务群众、奉献社会、素质修养得以体现。概括而言，职业道德主要包括忠于职守，乐于奉献；实事求是，不弄虚作假；依法行事，严守秘密；公正透明，服务社会。

恩格斯在《路德维希·费尔巴哈与德国古典哲学的终结》中指出："实际上，每一个阶级，甚至每一个行业，都各有各的道德。"各行各业的职业道德规范各不相同，由此形成某一职业特有的道德传统和道德习惯，如做官有官德，执教有师德，行医有医德，从艺有艺德，经商有商德。但所有行业的道德对从业者都有一个共同的要求，即敬业。敬业精神是对具体的职业道德规范全面的、理性的提炼升华，是职业道德的基础与核心，是社会主义现代化建设的精神动力。在一个人的职业理想中，最为重要的是个人对职业的正确态度，爱岗敬业精神作为为人民服务和集体主义精神的具体体现，是社会主义职业道德一切基本规范的基础。开展敬业精神的培育，使从业人员端正职业态度，认清职业责任，在责任与义务的要求下自觉地遵守、履行职业道德的各种规范和要求，同时将敬业精神植根于从业人员的意识深处，能够促使各行各业提高工作效率、保证工作质量，促进物质生产和各项工作的发展。因此，进行职业道德建设应以爱岗敬业的精神建设为落脚点。

（二）敬业精神是社会协调发展的纽带桥梁，整合社会力量和社会资源

现代化事业的大厦要由一砖一瓦累积而成。在大厦建筑过程中，如果某些环节丧失敬业精神，出现黑心工程，那么整个大厦的质量就会受到影响。社会生产、社会生活中的每一种职业、每一个岗位就是这一砖一瓦，任何一个行业、一个工种、一个岗位，甚至一个工作环节出现异常，都会影响到部分甚至大面积的社会生产和社会生活。尤其是随着社会生产的全面社会化，不同行业或职业之间或同一行业、团体的不同岗位之间相互制约、相互协作、相互依赖，生产流程的一体化趋势越来越强，社会职业间的这种关联互动，直接影响到社会系统的构成，如果职业之间发生了冲突，就会产生一系列连锁反应，社会的协调发展便会受到冲击。要使整个社会生产、生活顺利平稳，就必须要求各行各业的从业者忠于职守，高质量地完成自己的本职工作。这样，社会机器才能正常运转，社会生活才能安定有序，社会结构才能协调发展。所以，在各行各业倡导敬业精神是关系全局的大事，决不能等闲视之。敬业精神是以职业角色和职业行为为载体的一种高度社会化的角色道德，是全民意志的总动员，有利于整合各种社会资源，形成社会组织内在要素之间的平衡，使其通过相互间的冲突、融合逐渐走向有序化，内在地引导社会有序化协调发展。

（三）敬业精神是巩固文明成果的现实支撑，促进社会主义文化大发展大繁荣

英国19世纪下半叶伟大的道德学家塞缪尔·斯迈尔斯就非常重视敬业精神的作用。他曾经就敬业精神对社会发展的影响发表过深刻的评论，他说：“恪尽职守乃是我们民族的一种伟大精神财富，这真是我们民族引以为骄傲的东西。只要这种东西永存，我们这个民族就不会衰落，我们的未来就充满着无限的希望。一旦这种精神消失了，减弱了，或者被贪图享受、自私自利、虚幻的荣耀之心取代了，那么灾难就会降临到我们民族的头上，那我

们这个民族离衰败、灭亡的日子也就不远了。”①

在现实社会中,职业活动是人们在社会生活中最基本、最普遍的实践活动,也是人们的道德意识和道德水平表现得最经常、最丰富、最具体的地方。一个人在步入工作岗位之前,在家庭、学校受到过各种优秀道德品质的教育,而将这些优秀道德品质真正内化为个人品质,主要是在职业活动的实践中实现的,一个人的主要精力、生命中最宝贵的时光都是耗费于职业活动之中的,可以说,职业活动是培养和提高从业者道德品质的社会“试验场”,也是社会展示其思想风貌的一个窗口。敬业精神不是简单地反映职业道德的要求,而是在特定的职业实践中通过职业角色,将社会道德具体地体现出来。提倡敬业精神是一种正确的价值导向,使人们在职业生活实践中非常现实地明确了是非、荣辱、善恶的界限,对其个人生活道路的选择、生活理想的形成、人生观和道德观的确立,起着重大的作用。敬业精神的实践能够巩固、发展家庭和学校的道德教育的积极成果,并改变人们在走向社会之前所接受的不良影响。敬业精神的有无直接关系到职业道德的好坏,而职业道德又是社会道德体系的主要组成部分,职业道德水平的高低体现出一定社会的道德水准与发展趋势。反过来,随着人们道德水平和个人素质的提高,敬业精神将成为普遍的社会风尚,社会的精神风貌将进一步改善。因为职业活动本身不仅存在着从业人员之间的人际关系,而且人们不论从事生产、流通,还是各种社会服务,职业活动的终极对象都是人,都是对他人的服务行为。如果各行各业及每一个从业人员都能努力地践行敬业精神,自觉地履行职业责任,模范地遵守职业道德,全面提高服务水平,那么就能形成一种良性的循环,人们就能在相互服务中体会到道德的力量、社会的温暖,体会到人与人之间的信任与真情,从而形成一种良好的社会氛围,整个社会的道德风尚、精神面貌就能发生根本的变化。因此,敬业精神的建设将对建设中国特色社会主义的精神文明起到举足轻重的作用。

---

① [英]塞缪尔·斯迈尔斯:《品格的力量》,刘曙光译,北京:北京图书馆出版社,1999年版,第204页。

（四）爱岗敬业精神是社会经济发展的推动力

经济与文化是密不可分的。没有经济的发展，就谈不上文化的进步与提高；而没有文化的繁荣，经济的发展也终将走入物质主义的桎梏。因此，经济发展与文化的繁荣是不可分割的，经济活动一旦注入文化精神的影响，就会极大地促进经济的高效健康发展，近年来亚洲经济的崛起就是一个生动的例子。据统计，1989 年日本的经济增长率为 4.9%，国际收支为 569 亿美元，韩国为 6.7%和 54 亿美元，新加坡为 9.2%和 23 亿美元。我国台湾地区则为 7.2%和 110 亿美元，我国香港地区为 3%和 30 亿美元，其中，新加坡成为"策略经济发展"的一颗明星，在 1991 年世界最权威的经济发展制定预测机构——瑞士国家发展学院发布的全球各国竞争力排行榜上高居新兴国家榜首，其年增长率近 20 年来一直在 9%以上，90 年代人均生产总值达 10 450 美元，为美国的 1/2①。而实现这些经济增长的原因，很大程度上"与它们很强的成就感以及为企业发展和社会奉献的敬业精神分不开"，这些精神包括"有非常强的成就取向的工作伦理；高度的集体团结感存在于家庭和家庭以外的一些群体中"②。

第二节　爱岗敬业精神的社会需求

一、坚持服务为民，提倡奉献精神

坚持服务为民，这是社会主义初级阶段敬业精神的核心内容。因为社会主义制度的建立从根本上消除了阶级的对立，人民在根本利益上是一致的，"人人为我，我为人人"已经成为一种现实的需要。为人民服务是社会主义道德的核心价值观念，人民群众的根本利益是衡量人们价值创造的最高标准，在价值追求上表现出无可比拟的进步性，是敬业主体高扬责任意识，

① 张萃萍：《敬业精神：社会发展的内在精神动力》，社会科学，2002 年第 6 期。
② [美]塞缪尔·亨廷顿：《现代化理论与历史经验的再探索》，张景明译，上海：上海译文出版社 1996 年版，第 423 页。

充分发挥能动性、创造性,不断完善自我的动力和源泉。特别在社会主义初级阶段,市场经济体制还不健全、运行还不规范的情况下,尤其需要以一种崇高的道德理性来支持和引导敬业行为沿着良性的轨道发展,目的是加强主体意志自律、遏制私欲过度膨胀、提高从业者的觉悟修养。正是在这个意义上,为人民服务应该作为各行各业的主导价值目标。因为这不仅是社会主义制度的根本要求,而且也促使人们在敬业行为中、在服务他人与社会的过程中,实现自我价值的升华。总之,为人民服务作为社会主义初级阶段敬业精神的根本内容,反映了人们的意志,顺应了时代的需要,是当代中国社会发展的必然选择。

另外,要坚持集体主义原则,提倡奉献精神。奉献,就是不论从事任何职业,从业人员的目的不是为个人、家庭,也不是为了名利,而是为了有益于他人,为了有益于国家和社会。奉献意识是敬业精神的深化和升华,是敬业精神的归宿,敬业精神发挥得充不充分、敬业精神建设得好不好,最终都要求以能否奉献社会来加以检验和评价。毫无疑问,每一种具体的职业行为最终都必须接受社会的评估。因此,从业人员的职业行为是否具有价值,要看它对社会是否有贡献,有怎样的贡献。奉献意识作为敬业精神的重要内容,要求从业人员自觉地意识到自己的社会责任和历史使命,切切实实通过自己的职业活动为社会作出实实在在的贡献,并以此作为检验敬业精神状况或职业道德状况的最高标准。

无私奉献既是一种崇高的道德境界、高尚的道德情操,又是一种对事业、对工作的全身心投入状态。它既凝聚着中华民族的传统美德,又集中体现了我党的性质和宗旨,是我们党历来倡导的社会主义和共产主义的敬业精神的内容之一。我们党领导下的革命斗争,正是仰仗这种无我无欲的奋斗和牺牲精神,打败了强大的敌人,赢得了新民主主义革命的胜利。新中国成立后,为了维护和巩固新生的社会主义制度,无私奉献的敬业精神不仅是我们赖以征服任何艰难险阻的强有力的精神支柱,而且预示着我国未来敬业精神完善和发展的方向。

社会主义市场经济体制既承认个体权利和利益,但也需要集体主义和无私奉献精神。社会主义市场经济不同于资本主义市场经济,不能提倡“个体利益至上”“个体本位”的价值观。即便在当代资本主义社会，那种不顾他人和国家利益、一味追求个人权利的价值观也会受到社会和公众的谴责。集体主义原则和无私奉献精神是我国社会主义建设中最宝贵的精神财富，只能大力弘扬，不能有丝毫的削弱。同时我们也要看到，在市场经济条件下，奉献精神也有新的表现形式。在个体利益日益得到社会尊重和认同的条件下，有适当回报的服务行为正在成为奉献行为的新形式。只有鼓励和提倡多种形式的奉献精神，才能克服旧体制下把奉献绝对化和简单化的倾向，真正把人们的权利与义务有机地统一起来，促使人们把自己的热情和才智、信心和勇气投入到自己的事业中，从而推动社会的发展。

马克思以他自己的一生诠释了何为具有奉献意识的敬业精神，实践了他在青年时代立下的职业理想：“如果我们选择了最能为人类福利而劳动的职业，我们就不会为它的重负所压倒，因为这是为全人类所作的牺牲：那时我们感到的将不是一点点自私而可怜的欢乐，我们的幸福将属于千万人，我们的事业并不显赫一时，但将永远存在；而面对我们的骨灰，高尚的人们将洒下热泪。”①马克思的创造和他的所得之间的差额，就是他的奉献，他因此成为历史承认的“为共同目标劳动因而自己变得高尚”的伟大人物，成为经验赞美的“为大多数人带来幸福的”最幸福的人。党的好干部孔繁森也是具有完全彻底为社会、为人民无私奉献的崇高品质的人。他在给女儿的信中写道：“我是你的爸爸，但同时又是人民的地委书记，这称谓不仅是一个职务、一份履历，更是一份责任、一副担子。我身负党的重托，不能顾小家舍大家。”这就是孔繁森，众多党员中既普通又不平凡的一员，他的无私奉献的敬业精神激励着更多的后来人在自己的岗位上默默奉献着自己的力量。

安徽省黟县宏潭乡毛田小学教师汪来九35年来扎根大山小学，用自己的行动诠释着为民服务、奉献自我的敬业精神。

---

①《马克思恩格斯全集》(第40卷)，北京：人民出版社1982年版，第7页。

案例

汪来九，35 年扎根皖南深山的一所小学，无怨无悔，两次放弃调动的机会，一个人既当校长又当教师，为一个人口不足 300 人的小山村培养出 70 多名高中生和大中专毕业生，以良好的师德和勤勤恳恳的工作作风赢得了当地群众的一致赞誉。

35 年的光阴，他从一个充满活力的青春小伙，变成了头发稀疏花白的老者，一个人独自撑起深山里的一所学校，这一切，只缘于他对教育永远的钟情和热爱。

1971 年，21 岁的汪来九从安徽屯溪（黄山）师范学校毕业后，响应号召来到黟县宏潭乡毛田小学任教。由于山区群众居住分散、毛田村人口稀少，按照规定，只能配备 1 名教师，汪来九从那个时候开始，就孤身一人担负起毛田小学的教学工作，同时给六个年级和学前班的孩子教语文、数学、自然、音乐等所有课程。

在这 35 年里，毛田村没有一名孩子辍学、没有一名学生留级。汪来九本人多次在县教育部门组织的教学质量考核中名列优秀。

在偏僻的山村任教，最难熬的不是艰苦的生活环境，而是要忍受一个人的孤独。刚到毛田村时，汪来九人生地不熟，一个星期才能回一次家，天天上完课自己还要做饭，思想波动很大。但几年下来，他不但克服了孤独、寂寞等种种困难，而且一心投入教育，与村民结下了深厚的情谊。

由于汪来九的教学质量高，经验丰富，乡里两次准备调他到条件好的中心小学任教，他最后都婉言谢绝。他说："这么多年来，我已经适应这里的工作了，而且还拥有了最宝贵的资源，那就是几十年与村民共同培育出来的彼此信任、相互尊重、相互配合形成的教育环境。如果可能的话，我想在这里一直干到退休。"

山区教育资源贫瘠，师资力量单薄，仅仅靠一个人的力量很难保证所有的孩子都能学到更多的知识，汪来九通过多年的教学实践，总结摸索出一套特别适合于山区教育的"复式教学法"。

毛田小学只有一间教室，汪来九老师把六个年级和一个学前班的 22 名孩子同时都集中在教室里，按不同的年级分组，轮流给每个年级授课。当一个年级的孩子在听课时，其他年级的孩子就写作业或预习。

人手不够用，汪来九老师就在孩子们中间培养小助手和班干部，开展四种形式的合作——同年级合作，让同一年级里的学生相互启发；异年级合作，由高年级的学生带低年级学生；优困合作，由成绩好的学生带成绩差的学生；干群合作，让班干部带动一般学生。孩子们都说，这样的教学法很独特，很喜欢。

35年间，教材改版变更十几次。每次变更之后，六个年级十几门学科的教材都要重新备课，重新研究教学教案，重新设计复式班课堂教学思路，因此，35年来，单是书写的教案摞起来就已经超过他的身高。

为了毛田村孩子的未来，汪来九牺牲了很多。汪来九的妻子方秀姣一边流着眼泪一边说："在农村当一个老师，也只能是一个苦教师。别的人家都是男人干农活，唯独我们家里是女人下地。"由于汪来九所在的村离毛田村有近二十里的路程，为了孩子的教育，他经常顾不上回家，地里的农活都只能等到周六或周日去做。有时临近会考，一个月只能回家四五次，夜里还要批作业备课，根本帮不上家里做事。2002年，汪来九年迈的父亲患直肠癌病重，可是他却因为忙于带学生复习迎考，一直抽不出时间回家探望，在父亲生命垂危时，家中派人赶到学校通知他，等到夜色朦胧汪来九赶到家时，父亲已离开了人世。

在学校中，汪来九既是老师又是"保姆"，学生带到学校的午饭，他亲手帮助加热；学前班里年仅三四岁的幼儿，在学校洗脸、揩鼻涕、上厕所，样样都得老师帮，汪来九不多拿一分钱报酬，从不嫌累。

汪来九常常对妻子说："要想把一件事做好，就要有点持之以恒的韧劲。村民把孩子交到我手里，教不好我对不起自己的良心。我好比深山里的那一棵大树，遮风挡雨让小树苗好好成长就是我的责任。"

上海市劳动模范秦蓉曾是服务于118路公交车的行业五星级乘务员，她无私奉献、精益求精的敬业精神使她自1997年起，连续三届被评为上海市劳动模范。她以对公交事业的执着追求和奉献社会的精神，形成了独具特色的"个性化"服务，总结提炼出"四字"操作法，即起立迎客讲"诚"字；关心乘客讲"情"字；帮助乘客讲"热"字；疏导乘客讲"请"字；归纳形成了"八主动、八股劲"服务法：对待老年乘客主动搀扶安排座位，要有一股热情劲儿；对待儿童主动询问提醒下车，要有一股关心劲儿；对待病号乘客主动照顾提供方便，要有一股体贴劲儿；对待孕妇主动体谅，要有一股温暖劲儿；对待残疾乘客主动伸出援手，要有一股同情劲儿；对待外地乘客百问不厌，要有一股耐心劲儿；对待外宾乘客主动招呼有礼有节，要有一股友好劲儿；对待不文明乘客主动劝说以理服人，要有一股善意劲儿。

"时时感受乘客心理，服务重在细微之处"，她先学哑语、后学英语，特殊时期又主动调整了车上的服务用品，服务袋中增加了消毒手巾和一次性口罩等用品。在"文明让座示范路线"创建活动中，她凭着对乘客心理的感受和追求优质服务的精神，创立了"让老弱病残人人有座八法"，即询问法、留座法、还座法、挤座法、乘距法、同仁法、代抱法、暂借法。她在创建红旗文明班组的过程中，还和组员一起，探索形成了"1、2、3"工作法，即进场清洁"一扫二拖三清洗"；出场例保"一揩二查三补漏"；文明服务"一迎二请三送客"；特色服务"一引二导三落实"的工作方法。有位从辽宁到上海来观光的古稀老人，在乘坐过秦蓉的车后，来信写道："上海不但城市美，上海人的服务更美。"

2004年，秦蓉担任了服务管理员，岗位虽变，但劳模的本色未变。在管理岗位上，她"严以律己，宽以待人"，迅速地掌握了人性化现代管理艺术，传授着自己精湛的服务技艺，并通过有效的管理，不断提高路线的服务质量。因为秦蓉深深地懂得，人生的价值不是以时间来衡量，而是用深度去实现，"绿色巴士，服务到家"的追求永远都没有终点。

二、确立主体地位，增强主体意识

马克思主义认为，人是具有主观能动性的。即人在适应自然和社会环境的同时，利用自己的主体意识，会积极主动地改造自然和社会环境，为人的全面发展创造更为有利的条件。主体意识作为自主精神和自觉行为的统一，它的积极作用在于从盲目受动的依赖环境中解放主体，培养主体的自主性和独立性，激发主体的探索和创造精神。一种合理的经济体制对主体意识的生成具有重要的促进作用。因为人作为社会主体，既有能动性，也有受动性，其本质是在不断克服受动性的过程中实现能动性。但在计划经济条件下，人依附于政府的指令性计划，服从于行政命令和各种条条框框，使得人的自由个性萎缩，创造潜能退化，个体的劳动积极性得不到持续自觉的提高，缺乏自主精神和独立意识。社会主义市场经济正是在扬弃计划经济体制的基础上，立足于我国的社会现实，着眼于人的能动性而建立起来的凸显主体地位、弘扬主体意识的现代高效经济体制，它为个人在职业的选择、特长的发挥、能力的施展等方面创造了广阔的自由空间。在这里，一切都要由自己独立地做出判断、决定，没有一定的自我意识、自主品格和自制能力，将无法在竞争中站稳脚跟。因此，市场经济条件下所要提倡的敬业精神必须最大限度地发掘主体的潜能、调动主体的能动性。

首先，社会主义市场经济通过劳动的自主性，全方位地培植人的独立人格。马克思主义认为，人的解放和自由全面发展，关键在于劳动的解放，而劳动解放的标志是劳动过程的自主性。社会主义市场经济在消除计划经济指令性、命令性的资源配置方式下，同时消除了计划经济条件下依附的人身关系，使每个劳动者都成为独立的主体，自主地使用属于自己的生产资料，自发地决定自己的经济行为，并对自己的生产经营活动承担道德与法律责任。这种自主决策、自由行动和自我负责的独立人格，正是形成良好职业行为的前提。

其次，社会主义市场经济通过交换的开放性赋予人以平等和自由的敬业主体地位。人们在市场经济中的自主劳动必然导致平等、自由的交换，而社会主义市场经济破除了计划经济中人为的分割和封锁，使市场走向开放。全面开放的市场日益强化着国家之间、民族之间、部门之间、生产经营单位之间以及人与人之间的交往与合作，从而使人在平等的、多层次的交往中形成较为丰富的社会关系，同时获得了自由发展的机遇。

再次，社会主义市场经济借助公平的竞争性，极大地提高了敬业主体的自主活动能力。公平竞争是社会主义市场经济高效发展的根本动力，它为个人在职业的选择、特长的发挥和能力的施展方面创造了广阔的自由空间，从而激励着人们不断地提高对自身素质的理性认知能力、独立判断市场行情的能力、选择信息的能力、承担风险的能力、协调关系的能力、发展创新的能力、遵守法律和市场规则的能力等，给人的发展带来了机遇和挑战。每个人只有凭借自己在市场经济体制下获得的主体地位，充分发挥以主动性、自主性和创造性为特征的主体性精神，努力提高自身的素质和能力，才能在激烈的市场竞争中把握机遇、接受挑战，从而争取生存和发展的权利。

全国劳动模范李斌就是积极发挥自身能动性，为企业获取一次次发展和提升机遇的典型。

案　例

“有一个李斌，我们工厂就可以起步，有十个李斌，企业就能振兴。”这是李斌所在工厂厂长俞云飞的由衷感慨。

李斌是上海电气液压气动有限公司液压泵工段长，曾五次被评为上海市劳动模范，两次被评为全国劳动模范，荣获全国“五一”劳动奖章，先后获得过全国十大杰出工人、中国青年五四奖章、中华技能大奖、全国知识型职工标兵、全国十大高技能人才楷模、上海市优秀共产党员等称号，并光荣当选党的十六大、十七大代表。

1980 年，李斌从技校毕业，来到液压泵厂当了初级工。那时的工厂设备陈旧，生产低迷。面对不景气的工厂，李斌立下了“普通工人也有振兴液压泵厂的责任”的决心。李斌在师傅的教导下从学习、钻研技术起步，仅用了一年多时间就初步掌握了金属切削加工技术，随后又掌握了机械、工装、维修等多项技术。

李斌不仅注重实践中技术的学习和提高，而且还特别注重技术理论知识的积累。他利用业余时间，自学高中课程，并于 1982 年考取上海电视大学，用三年时间完成了机械工艺与设备专业的学习。1998 年又进入上海市第二工业大学机械电子工程本科专业学习，用了三年时间获得工学学士学位。1986 年 3 月，李斌被选派到德国海卓玛蒂克公司的瑞士分公司培训。

他利用这个机会收集了4本厚厚的数控机床调试资料，将每道工序、步骤，都练习得驾轻就熟。1988年，当李斌再次出国学习时，他表现出的技术水平深得专家赞赏，被破例聘请为这家公司的第一个中国编外调试员。

李斌始终坚持立足生产第一线，不断学习当今数控科技领域新技术。“让我试一试”，已经成为李斌在面对困难时的口头禅。多年来，在李斌的带领下，团队共完成数控编程1 600多个，工艺改进230余项，直接创造经济效益1 000万元以上。以李斌名字命名的上海电气李斌技师学校成为培养高技能人才的基地，已培养了5 800名学员。他近年无偿授课1 950小时，通过“李斌师徒网站”使大批技术工人迅速成长。

李斌进厂近30年，通过不断学习和实践，从一名初级技工成长为一位专家型的技术工人。他充满自信地说：“知识使我们工人更有力量，我们将尽力为企业做得更多、更好，使我们的国家发展更快!”

三、业务本领过硬，具有竞争意识

所谓竞争，是个人或群体在一定范围内为谋求他们共同需要的资源而进行比较、追赶和争胜的过程。竞争具有双重社会作用，不仅能推动社会的发展，还能激发个体的进取心、积极性。没有竞争，人类文明的发展就不可能达到今天的高度；没有企业之间的竞争，也不会有产品质量的提高和生产的大幅度发展。竞争能激发从业人员的积极性，培育从业人员的进取心、坚韧性和创新意识，从而树立敬业精神。在社会主义市场经济条件下，从业人员在职业活动中要树立竞争意识，在工作中努力向上，永不自满，具有敢为人先、敢冒风险的精神。

从业人员具有竞争意识是社会主义市场经济的内在要求。社会主义市场经济受价值规律的支配，采用的是物质利益原则和竞争机制。一切市场主体要想在市场中获得最大的经济利益，就必须主动地参与市场竞争。市场竞争机制具有调节社会生产、刺激创新、优胜劣汰等功能。企业与企业之间的竞争，一方面使企业在主观上不断进行技术创新和制度创新，保持竞争中的优势地位，获得最大的经济效益；另一方面对企业在客观上形成了一种监督控制，迫使企业向市场提供高质量的符合需求的产品。竞争能极大地提升员工乃至企业的内在潜力，促进员工与企业的发展；同时，通过竞争，又可以暴露、改变、淘汰落后的部分，促使资金和劳动力合理流动，推进整个社会劳动生产率的提高。

过去，由于长期忽视利益驱动在敬业中的作用，缺乏竞争机制的引入，人们只有安全感而没有危机感，在从业过程中有时表现出安于现状、不为人先、与世无争的惰性心态。社会主义市场经济是竞争经济，它引入了利益机制和优胜劣汰机制，根据能力和贡献大小为人们提供舞台、机会、岗位和位置，它把每一个从业人员毫不留情地推向市场，迫使其在激烈的竞争中接受市场的抉择与挑战。这就要求从业人员不断提高自身能力和业务水平，并与不断变化的职业需求保持动态适应。因此，要想在竞争中求得生存，取得业绩，充分体现自我价值，从业人员必须具备强烈的竞争意识，努力拼搏，竭尽全力，提高适应能力，否则就会被市场法则无情地淘汰。

因此，新时代的敬业精神要求人们敢于拼搏、善于竞争。现代社会的存在与发展，就在于通过竞争吸引、造就、分配具有不同能力的人担负不同的角色。为了求生存、图发展，每一个具有敬业精神的从业人员都必须具有危机感、紧迫感和强烈的竞争意识，否则就无立足之地。具有了竞争意识，各个岗位的从业人员之间就会你追我赶、相互激励、努力拼搏，敢为天下先，竭尽全力，使敬业精神得到淋漓尽致的发挥，最后的结果是自身素质的不断提高、企业活力的加强和国家综合国力的强盛。

全国劳动模范包起帆就是不断进行创新活动，提升自身业务能力的典型代表。

案　例

包起帆是上海港务局南浦港务公司高级工程师，全国劳动模范、“五一”劳动奖章获得者，是享受国家特殊津贴、有突出贡献的优秀科技专家。他致力于港口装卸工具的发明创造20多年，开发了新型抓斗系列共140多种，广泛应用于港口、铁路、化工、军工、河道等行业，多次在日内瓦、布鲁塞尔等国际发明展览会上获得金奖和银奖，“防漏散货抓斗”等9项成果获国家专利，被誉为“抓斗大王”。

1968年，18岁的包起帆来到上海港当了一名装卸工，1978年调到上海南浦港务公司机修车间工作，专门负责码头上的起重机修理工作，从此踏上了自己的发明之路。

1981年10月，包起帆发明的“双索门机抓斗”成功运行。抓斗通过两根起重索顺利地打开和闭合，实现了人木分离的目标，诞生了中国港口史上第一只用来卸大船的木材抓斗。

1996年，包起帆担任上海龙吴港务公司经理。为了改善码头无法做外贸集装箱业务的情况，包起帆另辟蹊径，改做内贸集装箱业务。为此，他先后四次到北京寻求相关单位的支持，八次到南方去寻求船舶公司、货主和码头的合作。历尽艰难，终于在1996年12月15日，开辟了中国第一条内贸标准的集装箱航线。

2001年，包起帆到上海港务局担任分管技术的副局长，2003年又担任上海国际港务集团公司副总裁。无论职位如何变化，责任如何重大，包起帆都坚持发明创新，不仅在技术创新领域不断突破，还开始向产业创新和管理创新迈进。

从码头工人到集团副总裁，从小的技术改革到改变生产方式的伟大技术革命，从一人单干到组建创新团队，从只有初中文凭到成为国家级专家，包起帆立足公司一线，实现了自我成长。

复旦大学研究生院院长、生命科学学院教授、博导、生物学家钟扬奉献了自己的生命，以光和热照亮了他人。“钟扬青藏高原生物学研究创新工作室”被上海市总工会命名为“上海市劳模创新工作室”。

案　例

钟扬于1979年考入中国科学技术大学少年班，1984年毕业于该校无线电电子学系，获无线电电子学工学学士；留学日本国立综合研究大学院大学

(The Graduate University for Advanced Studies),获生物系统科学博士。1984—1999 年在中科院武汉植物所工作,2000 年起任复旦大学生命科学学院教授,植物学和生物信息学博士生导师,并担任复旦大学生命科学学院常务副院长,生物多样性与生态工程教育部重点实验室副主任,上海生物信息技术研究中心副主任等职,钟扬教授还是中组部第六、七、八批援藏干部,曾任西藏大学校长助理。

钟扬教授从事植物学、生物信息学研究和教学工作近 30 年,在分子进化研究和生物信息学领域有较长期的积累和独创性成果,多年来坚持生物多样性的保护和利用,在生态文明和绿色发展上作出了巨大的贡献,取得了丰硕的成果。钟扬教授不仅在交叉学科领域因材施教、教书育人,获上海市教委“育才奖”,培育了许多学科人才,并且情系社会生态,把科学研究的种子播撒在雪域高原和上海的海滨。

在援藏的十五年中,他培养出了一批藏族科研人才,为西藏大学培养的第一位植物学博士如今已成为教授,援藏期间,钟扬为国家和上海的种子库收集了上千种植物的四千万颗种子,储存下了丰富的“基因”宝藏,绵延后世,为西藏大学申请到第一个生态学博士点、第一个国家自然科学基金项目,帮助西藏建立起科研“地方队”,成为西藏自治区第一位长江特聘教授,培养出了西藏大学第一位植物学博士。在他的带领下,西藏大学在进化生物学等研究方面,与日本、欧美名校鼎足而立。

十几年往返上海西藏两地,在海拔数千米的高山上奔波探察,个子高大的钟扬教授于 2017 年 5 月大病一场。但他一边休养,一边筹划着来年在西藏的考察任务,仍然坚持着那个遥远的梦想。他说:“任何生命都有结束的一天,但我毫不畏惧,因为我的学生会将科学探索之路延续,而我们所采集的种子也许会在几百年后的某一天生根发芽,到那时不知会完成多少人的梦想。”然而,2017 年 9 月 25 日,钟杨教授在去内蒙古城川民族干部学院为民族地区干部讲课的出差途中遭遇车祸,不幸逝世,年仅 53 岁。

四、把握时代脉搏，勇于开拓创新

创新，是指从业人员运用自己的聪明才智，突破或改变已有理论、体制、技能、生产方法和管理方法等，使之更加符合社会需要的实践活动。创新意识，是由创新需要、创新动机、创新兴趣、创新热情、创新信念、创新理想、创新世界观有机构成的主体创新倾向。创新意识是人民进行创新活动的出发点和内在动力，是从事创新活动的积极性的源泉。

在历史发展的不同时期，受生产力状况、经济关系形式、社会制度与文化等条件的约束，创新的数量、内容、领域、周期、效果等表现出很大的差距，人们的创新意识也有很大的不同。农业经济的产生是人类生产创新的重要基础。依靠生产工具的创新，人拥有了耕种土地的物质手段；依靠对气候变化、植物生长的经验知识的掌握，人从获取食物转向生产食物；中国农业经济时代的四大发明，也是世界古代文明的重要标志。农业社会发生着创新，但这种创新是缓慢的、渐进的，缺乏根本性的创新与快速扩散，显示出停滞状态。因为自然经济把生产者终年束缚在不能移动的土地上和不能脱离的自然形成的共同体内，使人的活动只能在狭小的范围内和孤立的地点上发展着，从而使农业社会的小生产者注重传统的经验、标准和方法，追求延续与循环中的稳定性、不变性，其创新意识、创新要求是非常有限的。

工业经济是资本主义开创的新的技术形态、产业结构和经济时代。工业经济采用了新的能源、新的材料，从农业经济的依赖人力、畜力的生产，到依赖以蒸汽机为代表的动力机的生产。工业经济推动了交通革命与通信革命，缩短了商品流通的空间和时间，加快了新产品的扩散。工业经济建立了以发达的分工协作为基础的合理的劳动组织，使劳动的技术过程和社会组织发生了根本性的革命。在工业经济时代，一切科学都被用来为资本、利润、创新服务。马克思和恩格斯在对资本主义的透彻分析中，系统论述了作为创新主体的资本是怎样能动地不断变革生产力与生产关系，为自己创造了一个新的世界与新的历史时代的。他们指出："资产阶级除非对生产工具，从而对生产关系，从而对全部社会关系不断地进行革命，否则就不能生存下去。”[①]马克思也同时看到了作为创新源泉的资本本身是创新的否定因素，企业创新的可能性边界是资本家的利润，是有商业价值的市场需要，绝不是社会上广大从业人员的最迫切的需要。

在指令性计划的统一支配下，人们的思想受到单一思维模式的限制，行动上习惯于服从上级的行政指令、红头文件，害怕做有风险的事。在这种情况下，“等要靠”成为一种习惯性心理，甚至一些改革、探索、创新被视为“别出心裁”“标新立异”的越轨之举，人们的创新意识在客观上受到一定程度的压制。社会主义市场经济确立了人的主体地位，同时，也使每一个敬业主体都面临着风险和责任，没有探索精神和创新意识，没有激流奋进的勇气，迟早要被市场经济的大潮湮没。事实证明，只有敢于冲破旧有观念的束缚，全面提高创新意识，向创新要效益、以创新求发展，才会有个人事业的成功和整个社会的发展。尤其在知识经济时代，创新精神和创新能力在敬业精神中具有举足轻重的地位，也是中华民族走向世界、赢得未来的关键。正如江泽民指出的，“创新是一个民族进步的灵魂，是一个国家兴旺发达的不竭动力……一个没有创新能力的民族，难以屹立于世界先进民族之林”。[②] 胡锦涛在 2010 年全国人才工作会议上指出，要鼓励创新、爱护创新，使一切创新想法得到尊重、一切创新举措得到支持、一切创新才能得到发挥、一切创新成果得到肯定[③]。习近平在参加十二届全国人大三次会议上海代表团会议时也强调“创新是引领发展的第一动力”[④]。

而且，爱岗敬业精神的持续发展也要靠创新。每一个具有敬业精神的从业人员都要把创新意识印入头脑中，发扬探索精神、开展创造活动，只有深入实际、不断地探索和创造，才能在市场经济的大潮中激流勇进，才能使所敬之业获得长足发展，才能使敬业精神绵延不断、发扬光大。否则，从业

---

① 《马克思恩格斯选集》(第 1 卷)，北京：人民出版社 1995 年版，第 275 页。

② 《江泽民文选》(第 1 卷)，人民出版社，2006 年版，第 432 页。

③ 胡锦涛在 2010 年全国人才工作会议上的讲话，参见中国网《全国人才工作会议举行 胡锦涛温家宝发表重要讲话》，http://www.china.com.cn/city/zhuanti/rsgg/2010－12/24/content_21613280_3.htm

④ 新华网：《习近平的两会时间(四)：“创新是引领发展的第一动力”》，http://www.xinhuanet.com/politics/2015－03/06/c_1114549235.htm

人员就会失去生存的资本，所敬之业就会处于危险境地，敬业精神就会处于停滞不前的尴尬状态。尤其是面对复杂的突发事件或新旧规范冲突的问题时，从业人员必须思维敏捷、果断处理，不循规蹈矩，善于应变，及时准确地抓住机遇，主动进取，开创新局面。正如2003年我国的“非典”之战中，严峻的疫情对我国和世界的医学科研工作者提出了挑战，只有打破常规、创新攻关，研制出新药、新技术，才能取得同疫病斗争的胜利。总之，唯有树立创新意识，工作、事业才能向更加合理、更加科学的层次攀登，敬业精神才能不断得以发展。

全国劳动模范许振超作为老三届出身的普通工人，在工作岗位上不仅没有被时代潮流所淘汰，反而通过自身的不断努力，把握时代发展的脉搏，成为勇于开拓创新的楷模。

案 例

许振超，作为一个“老三届”出身的普通工人，他始终站在时代前列，顺应社会前进的潮流不断发展自身。不仅没有被时代淘汰，而且屡屡勇挑大梁，由一名普通工人，成长为令世界航运界敬佩的一流桥吊专家。他以励精图治的工作作风，勤奋工作、刻苦钻研学习、公而忘私的精神，为国家作出了突出贡献。他始终站在时代前列，顺应社会前进的潮流，是不断发展自身的新时代产业工人的优秀代表！

一个仅有初中学历的桥吊队长，却能够熟练地驾驭最现代化的桥吊设备；一个普普通通的码头工人，却创造出了不俗的业绩。从这个意义上说，许振超不仅是中国现代港口工人的一个优秀代表，他所创造的“振超效率”，还是中国现代产业工人与时俱进、勇于创新、敢争一流的一个缩影。

许振超只是一个普通工人，但以他的名字命名的“振超效率”却明确告诉我们，只要有与时俱进的精神，只要有勇于创新的意志，只要有敢争一流的勇气，我们不仅能够掌握先进技术和先进设备，还能创造出基于这种先进技术和设备的一流业绩，而有了这样一种业绩，世界著名港口能够达到的现代化水平，我们同样能够达到。

“咱当不了科学家，但可以做个能工巧匠。”对许振超而言，不断超越自我，追求创新，才能自强不息，实现做工人的价值。一次，队里的一台桥吊控制系统发生了故障，请外国厂家的工程师来修。专家干了 12 天，一下子挣走 4.3 万元。这件事深深刺痛了许振超。他想，如果自己会修，这笔钱不就省了吗？

然而，桥吊的构造很复杂，涉及电力拖动、自动控制等 6 门学科，就是学起重机械专业的大学生也至少得两三年才能够处理一般性故障。许振超只有初中文化，为了攻克这门技术，他着了魔似地钻研，终于发现，所有的技术难点都集中在一块块控制系统模板上，而这正是外国厂家全力保护的尖端技术——不仅没提供电路模板图纸，就连最基本的数据也没有。

许振超不信邪。每天下了班，他拿着借来的备用模板，一头扎进自己的小屋里。一块书本大的模板，一面是密密麻麻镶嵌的上千个电子元件，另一面是弯弯曲曲的印刷电路，这样的模板在桥吊上一共有 20 块。为了分辨细如发丝、若隐若现的线路，许振超专门用玻璃做了个支架，将模板放在玻璃上，下面安上 100 瓦的灯泡，通过强光使模板上隐身的线路显现出来，然后一笔一笔绘制成图。光分辨这 2 000 多个焊点，已够麻烦了，要弄明白它们之间的连接更麻烦。一个点前后左右可能有 4 条连线，而且每一条连线又延伸出两条连线，两条再变成 4 条，最多的变成二三十条连线，每个点、每条线，许振超都要用万用表试了又试，一条线路常常要测试上百个电子元件，直到最终试出一条通路来。这样精细的活，特别累眼，累得看不清了，许振超就到冰箱里取出冰块，敷上一会儿，接着再干，每天晚上坚持干 3 个多小时。

就这样，许振超用了整整 4 年时间，一共倒推了 12 块电路模板，画了两尺多厚的电路图纸，终于攻克了技术难点。这套模板图纸后来便成了桥吊司机的技术手册，成了青岛港集装箱桥吊排障、提效的“利器”。一次，一台桥吊上的一块核心模板坏了，许振超跑到电器商店花 8 元钱买了一个运控器，回来换上后桥吊就正常运作了。而这要是在以前，换一块模板得花 3 万块钱！

2000 年，队里的 6 台轮胎吊发动机又到了大修的时候。许振超找到公司领导，主动要求把这个项目交给他，由他组织技术骨干来完成，一来锻炼队伍，二来节约资金。面对复杂的维修工艺，他与攻关小组一起边琢磨边实践，加班加点，提前完成了轮胎吊发动机的大修。近几年来，经他主持修理的项目累计为青岛港节约800多万元。

许振超的维修技术出了名，公司奖励了他一台传呼机，许振超的传呼机一天24小时都开机，只要桥吊有故障，随叫随到，随到随修。

掌握了修桥吊的技术，许振超仍不满足。因为作业中桥吊一旦发生突发故障，如果不能及时排除，将对装卸效率和船东利益造成严重影响。许振超又提出了一个新目标——“15分钟排障”。他从解剖每一个运行单元入手，不断探索，终于做到心中有数，手到“病”除。目前，桥吊队从接到故障信息，到主管工程师到场排除，已缩短到15分钟以内。

2001年，青岛市和青岛港集团实施外贸集装箱西移战略，启动前湾集装箱码头建设。然而，由于种种原因，直到11月下旬，桥吊安装仍然没有大的进展。关键时刻，青岛港集团总裁常德传现场发布任命：许振超任桥吊安装总指挥，年底前完成桥吊安装。

接下任务，许振超办了两件事：一是打电话告诉爱人，从现在到年底一个多月不能回去，让她放心；二是买了10箱方便面，往现场一扔。

前湾码头当时还是一片荒地，现场办公就在工地上的一个集装箱里。零下十几度的天气，集装箱里里外外一样冷。每天早晨脸盆里的水都冻成冰，穿上工作鞋先要跺几分钟；吃饭要到三里地以外，错过点只能干啃方便面、凉馒头；睡觉就在集装箱一角铺上硬纸壳加大衣。有一次许振超发烧，几天不退，身子像散了架一样，走路都发飘。但晚上给家里打电话仍是那句话：“工程进展顺利，我一切都好。”

妻子许金文和女儿小雪放心不下，乘轮渡到码头上看望许振超。只见他眼里布满血丝，嘴上裂着口子。荒凉的前湾码头空地上，只有两个铁皮集装箱，其中一个，就是许振超的办公室兼卧室，里面的“家当”有三件：一把电水壶，一件军大衣，一张硬纸壳。妻子含着眼泪说：“这么苦，你的身体怎么受得了？”许振超笑笑说：“做心里喜欢的事，就不觉得苦。”

经过40多天的奋战，重1 300吨、长150米、高达75米的超大型桥吊，终于矗立在前湾宽阔的码头上。许振超和工友们激动地流下了热泪。而许振超的风湿病又加重了，走起路来左腿常常不敢吃劲。直到现在，每天晚上睡觉时，都得穿上厚厚的毛袜子。

随着港口西移战略的顺利推进，一个念头在许振超脑海里越来越强烈：提高装卸效率，创造集装箱装卸船世界纪录！

2003年4月27日，青岛港新码头灯火通明，许振超和他的工友们在"地中海阿莱西亚"轮上开始了向世界装卸纪录的冲刺。20:20，320米长的巨轮边，8台桥吊一字排开，几乎同时，船上8个集装箱被桥吊轻轻抓起放上拖车，大型拖车载着集装箱在码头上穿梭奔跑。安装在桥吊上的大钟，记录了这个激动人心的时刻。4月28日2:47，经过6小时27分钟的艰苦奋战，全船3 400个集装箱全部装卸完毕。许振超和他的工友们创下了每小时单机70.3自然箱和单船339自然箱的世界纪录。5个月后，他率领团队又把每小时单船339自然箱这个纪录提高到每小时381自然箱。

青岛港集装箱"10小时完船保班"这块品牌，让这项纪录金光闪闪，"振超效率"扬名国际航运界！

而许振超总是谦虚地说："装卸效率是集体协作的结晶，现代化大生产说到底最需要团队协作。仅凭我一个人，就是一身铁又能打几个钉。"几十年来，许振超创出了许多绝活儿，也带出了一支会干绝活又能创新的团队。现在，队里涌现出了许多像他一样的装卸专家，不少技术主管成功地主持了许多桥吊的电控改造，桥吊队维修班还改进了桥吊钢丝绳更换方式，大大缩短了换钢丝的时间——这个时间又是全国沿海港口最短。

更令许振超和他的桥吊队振奋的是，"振超效率"产生了巨大的品牌效应，青岛港在世界航运市场的知名度越来越高。一年来，世界许多知名航运公司主动寻求与青岛港合作，纷纷上航线、增航班、加箱量，仅短短8个月时间，青岛港就净增了13条国际航线，实现了全球通。2003年完成集装箱吞吐量420万标准箱，实现了24.3%的高速增长。

在热火朝天、一派繁忙的青岛港码头采访许振超时，这位朴实的"老码头"指着海上熙来攘往的货船，说了一句很朴素的话："货走得快，走得好，咱心里就踏实。"

第三节　爱岗敬业精神的强化与实践

爱岗敬业精神的培养是社会主义文化建设的重要内容，并与其他方面的制度建设紧密联系在一起。如何培养出反映时代特征的敬业精神，使每一位劳动者都能在自己的岗位上发挥自己最大的潜能和优势，以促进人的全面发展，这已成为我国文化建设和职业道德建设的重大课题。在当前中国发展的环境下，爱岗敬业精神的培养只有将主体因素、制度因素、现实因素、历史因素和世界发展的大背景结合起来，把爱岗敬业精神的内在精神培育与外在的制度规范和借鉴古今中外的优秀传统相结合，才能使爱岗敬业精神在社会发展实践中进一步强化实施。

一、内在精神培育

所谓内在精神的培育，主要是指“通过对主体信念、信仰、价值追求、品德修养、思想境界等内在素养的提升，使主体形成自觉的敬业理念，从而对自己所从事的职业保持持久的动力”①。在敬业主体内在的精神培育上，应该做好三个方面的工作。

（一）鼓励主体的自我道德塑造

要关注并肯定敬业主体的自我选择和自我实现的需要，加强对敬业主体进行理想信念、职业人格方面的培养，鼓励主体的自我道德塑造。

职业信念是人类实现美好事业理想的坚韧扶梯，是人类认识和实践活动的精神力量。伟大的无产阶级革命导师列宁曾说过：“重要的是相信道路选择得正确，这种信心能百倍地加强革命毅力和革命热情，有了这样的革命毅力和革命热情，就能创造出奇迹来。”②随着市场经济的深入发展和敬业精神的不断更新，人们已经不再被动地等待和消极地适应社会的需求，不再盲

① 张萃萍：《敬业精神的价值及其培育》，中共中央党校博士毕业论文，2001 年。

② 《列宁全集》(第 11 卷)，北京：人民出版社 1987 年版，第 84 页。

目地接受社会的价值设定，而是积极能动地面对社会，根据自己的知识、能力、兴趣、爱好来决定和选择职业，发挥才智，设计人生，实现价值。这是独立人格形成的重要标志，是历史的进步。因此，对敬业主体的自我选择和自我实现不但不能加以否定，而且应该肯定、提倡和支持，并且为之创造、提供必要的条件和良好的就业环境，并在此基础上全面开展社会主义道德教育，帮助敬业主体真正理解和解决好个人与社会的关系，肩负起对社会的责任感和使命感，以求真务实、开拓进取的精神风貌迎接现代化的挑战。同时要特别重视对敬业主体进行理想信念、职业人格方面的培养，因为它能够在最大程度上唤起人们的职业尊严，激发起人们为事业奋斗的极大热情。这方面的培养必须以加强敬业主体主观世界的改造和思想修养为核心。

要鼓励主体确立崇高的道德价值目标，树立科学的世界观、人生观和价值观，努力学习马列主义、毛泽东思想、邓小平理论、“三个代表”重要思想和科学发展观，目的是增强鉴别力和免疫力，以抵制不良的社会思潮和行为的污染，逐步树立起高尚的职业人格，不断地完善自我，自发自觉地热爱岗位、敬业精业，为实现伟大的中国梦贡献自己的力量。

（二）更新就业观念，增强忧患意识

站在促进人的全面发展和社会整体进步的高度，通过更新敬业观念，加强敬业主体的危机感和紧迫感，唤起敬业主体内心迫切要求提高自身素质的自觉意识，增强忧患意识。

社会主义市场经济的形成，为每个人发展个性、施展才华提供了广阔的空间和良好的条件。市场经济是公平竞争的经济，其本身允许并需要人们发动自身的主观能动性，去发明创造、表现才能。也就是说，一个人必须具备高超的本领和过硬的素质，才能在崇尚平等竞争、优胜劣汰的市场经济中生存，才能适应信息含量、知识含量、技术含量日益增加的知识经济时代的要求。而单纯依靠引进或移植发达国家的现代化管理制度和先进的科学手段并不能从根本上解决目前我国敬业主体劳动技能低、综合素质差的现实状况。因此，提高敬业主体综合素质，不能仅仅停留在口头宣传和外部措施的建设上，关键还是要从敬业主体的观念转变上入手，加强危机与紧迫意

识，使学习知识、提高素质、全面发展内化为主体的自觉自省，进而激发主体的敬业热情，推动社会的整体进步。

第一，加强忧患意识和危机意识首先要看到我国还处于社会主义初级阶段的基本国情，认识到我国的经济文化层次与发达国家发展水平的差距。在中国过去的农业社会时代和工业化初期，劳动者的数量、人的体力和简单劳动的经验在社会发展中发挥着重要的作用，但凭借"人海战术"可以创造出埃及金字塔和万里长城的奇迹时代已经一去不复返。随着知识经济和数据时代的到来，体力劳动的数量和质量都被智力和科技所取代。因此，未来的发展必须依靠人才，依靠结构合理、素质良好、道德高尚的敬业主体。一个国家敬业主体的素质高低是该国家走向未来的关键因素，只有切实提高敬业主体的素质，充分发挥人的主观能动性，发掘人的潜能，积极倡导科技创新，才能从根本上适应知识经济和科技创新时代的步伐。

第二，加强忧患意识和危机意识还要意识到我国较为落后的职业技能状况。长期以来，我国依靠劳动力的成本优势，各个产业特别是劳动密集型产业获得了快速发展，但是，大部分劳动力仍只能从事低技术、人口密集的工业，而具有较高技术水平和创新能力的人才流失又较多。①

一个国家和民族要想实现现代化，不能单纯依靠引进或移植发达国家的现代化管理制度和先进的科学手段，更要培育能够创造和掌握那些先进管理制度和科学技术的高素质的人才。因此，我们必须把忧患意识和危机意识提高到前所未有的高度，提高劳动者素质，培养创新型人才。

（三）转换思维方式

转换思维方式，就是根据市场经济及其平等竞争原则对人们职业的本质要求，更新观念，促进敬业主体思维方式的现代性转换。

思维方式作为社会文化在人们心灵深处的积淀，构成了精神文明的深层要素。在社会精神文明发展的不同阶段，由于人们的生产方式、生存方式和生活方式的不同，人的思维方式也存在着诸多的不同。而不同的思维方

① 李华，许晶：《我国劳动者素质现状、评价及其对策》，中国科技论坛，2012年第10期。

式对人在社会生活中的不同行为有着不同的调节功能——先进的思维方式可以引导人们正确地分析社会现象，做出正确的决策，最终通过个人的发展促进社会的发展。相反，落后的思维方式往往将人们引向歧途，从而也阻碍了社会的发展。目前，我国正处在经济社会转型时期，多元的文化输入和变化的社会形势，给敬业精神的建设和发展提出了严峻的考验。要适应转型期的社会发展，就必须让敬业主体的思维方式进行转变，树立符合时代精神和社会发展特征的新的思维方式。

第一，由封闭性的思维方式向开放性的思维方式转变，由保守思维向现代思维转变，由依附思维向主体思维转变。由于长期的封建王朝统治和计划经济体制的共同作用，单一的、固化的思维方式占主导地位，反映在人们的头脑中就形成了封闭的思维体系。这种思维体系在相当长一段时期内已成为人们的固化思维——缺乏创新、缺乏活力，而且人们不仅用它们来指导职业活动和其他社会活动，也用它们来评价职业活动和其他社会活动的成败。而市场经济作为一种开放的经济，要求人们建立与之相适应的思维方式，把视野和观念从国内扩大到国外。尤其是近年来，随着改革开放的深入和经济体制改革的深化，建设中国特色社会主义的事业要求我们必须以开放的心态、多元的视角、系统的思维全方位地对自身的发展、企业的发展和国家的发展做出应对。对于敬业主体来说，就是要转变以往"等靠要"的观念，积极主动寻求革新和变化，使自己的素质、技术和能力得到不断的提升，从而为社会的技术发展和思维创新作出贡献。

第二，由权力思维向能力思维转变。在中国传统文化中，"人情"一直占据着主导地位，在选人、用人和育人等问题上，比较注重血统、亲情、人情、关系和门第，而能力和技术则不被重视，从而抑制了人的能力的充分发挥和发展，使社会缺乏活力。人情对规则规范的破坏和人情关系导致的亲疏远近，常常会严重影响人的积极主动性和创造力的发挥和提高。企业要进一步发展，要再创辉煌，必须向现代企业制度过渡，而人情血缘关系就是这个过程中最大的障碍。因此，在向现代企业转型的过程中，必须摆脱人情思维，确立能力思维，要把能力视为人的价值的核心，人的一切活动、一切关系和一切追求都要充分围绕如何正确发挥人的能力这一关键；要把效率和公平统一在人的能力的发挥上，按照能力高低、贡献大小来选拔人才、使用人才，反对任人唯亲。只有这样，人的发展和社会的发展才会呈现出蓬勃的生机和活力。

二、外在制度规范

任何内在精神的培育都需要有相应的外在制度规范和约束才能够最终巩固下来。因而，在注重完善敬业主体内在精神培育的同时，也不能忽视外在制度规范的建设，而且外在制度规范建设应当围绕利益这个核心和枢纽来展开，并由此建立相应的强有力的行业行为规范、激励机制和约束机制。

（一）设立行业行为规范

设立行业行为规范的目的是使敬业主体做事有原则、行为有依据，以减少其敬业行为的盲目性、放任性。在设立行业规范时，要注意以下几点：

第一，设立行业规范，不仅要明确目的，而且要加强科学性和可操作性。行业规范的制定必须从实际出发，考虑到敬业主体的适应能力、承受能力和主体的精神价值需求，本着将个人利益与集体、社会的整体利益有机结合起来的原则来实施，并以制度化、法律化的形式加以肯定，使其具备科学性和可操作性，减少主观性和行政命令色彩。在全面深化改革和全面推进依法治国进程下，我们设立行业规范时还要特别注意运用法制的力量，使正当的敬业行为得到有效的保护，维护敬业精神的高尚和尊严，从而为建设社会主义现代化建设贡献自己的力量。

第二，变一般性的原则规范为具体的、精细的规范，变人情导向的规范为理性导向的规范。在以往的计划经济时代，我们制定的行业规范多是一般性原则规范，不利于敬业主体贯彻执行，而且这种大范围的、原则性的行业规范不利于依法、依规管理，甚至可能给具体实施和管理带来一定的寻租机会，从而使腐败乘虚而入，使敬业精神遭到亵渎，败坏社会风气。

（二）引入激励机制

引入足够强的激励机制是培养敬业精神的重要手段。在改革开放和现代化进程中,有不少道德高尚的先进典型,默默无闻地为社会和他人无私奉献,在本职工作中作出了巨大贡献,却不计较个人的名利得失。对于这种良好的敬业行为,应该给予肯定和赞扬。从我们建构社会利益和个人利益相统一的目标出发,考虑对广大敬业主体的实际影响,如果不给先进人物以足够的物质、精神奖励和相应待遇,甚至造成"谁先进谁吃亏",必然会使敬业主体对优秀品格和先进行为的追求望而却步,不利于敬业美德在全社会发扬光大。因此,必须建构强有力的激励机制,给予在岗位上作出突出贡献的各类先进人物以必要的奖励和相应的待遇,从利益机制上为敬业主体提供实际有力的正确导向。

(三)建立健全约束机制

建立健全切实有效的约束机制也是培养敬业精神不可或缺的重要条件。在市场经济条件下,由于利益的驱动,某些人的道德观念发生畸变,为一己私利肆意放纵,职业道德、敬业良知统统抛诸脑后。对于此类行为,仅仅局限于批评教育,不会起到明显的震慑作用,必须充分运用法律和行政手段,建立一套强有力的约束机制,对于违背敬业职责,玩忽职守,并给国家、社会和他人造成严重危害的恶劣行为给予惩处,绝不姑息。只有这样,才能使敬业精神在全社会广泛传颂并弘扬,也为社会主义现代化建设事业的顺利发展提供可靠的制度保障。

(四)引入社会机制

要引入社会机制,激发个体能力的培养和发展,在社会上广泛形成靠能力生存在和发展的价值取向。传统社会注重权力、人情、关系、人伦,很多人通过日常情感、血缘关系获得存在和发展的权利。结果,真正有能力的人并不一定能够得到自我价值的实现。在这样的社会里,敬业与能力是脱节的,人的潜力和能力无法得到充分的发挥,而最终必将影响到社会的总体发展。现代化是一个重视效率、尊重个体能力、社会走向规范化和理性化的过程,一些原始的、落后的因素不再参与个人价值的实现和发展。社会主义初级阶段的敬业精神必须充分体现现代化的要求,把敬业与能力相结合,建立一套以能力凸显敬业、以能力衡量贡献的社会机制，把人们的精力集中在提高自己的能力和业务上，从而在全社会确立起以能力求生存、以能力促发展的社会风气和价值取向。

三、在批判中继承，在吸收中超越

培养健全的、能够适应现代化要求的敬业精神，不仅要重视内在精神培育和外在制度规范两个层面，而且还要纳入历史和发展的视野，从更高的层次和更远的时期来审视。也就是说，要把敬业精神的培养放在一个传统与历史的结合点上来考虑，要放在一个中外比较借鉴的层面上来看待。一方面要传承历史，因为敬业精神不可能是凭空产生的，而是在传统爱岗敬业的土壤中孕育而成的。但这种传承并不意味着全盘接受，而是对历史传统的辩证地整合和吸收，去粗取精，去伪存真，批判地继承和发扬优秀传统。另一方面，要立足国情，面向世界，要用战略眼光看待世界各国优秀的敬业精神，并以开放的姿态和胸怀广泛地吸收其精华，使之融入中国爱岗敬业精神的培植中。

（一）儒家敬业观的现代性转换

改革开放以来，随着国门的打开，我国国民的价值观发生了重大变化，人们的职业观念的变化更为突出。在商品经济的实践中，人们逐渐形成了求实、创新、拼搏、自立、争先等可贵的敬业精神。然而，我们也必须承认，在市场经济建设中，在一定范围内，人们的职业道德也出现了一些不尽如人意的地方，比如损公肥私、损人利己、贪污腐化、坑蒙拐骗等各种有悖敬业精神的行为。在这种情况下，我国传统的儒家敬业观所倡导的克勤克俭的工作伦理和集体主义、为国奉献、自强不息的敬业精神，就值得我们在培育爱岗敬业精神中学习和吸收。

第一，充分利用儒家敬业观中强调为国家、为民族、为社会的集体主义精神，并贯彻到为人民服务的实践中去。这对于帮助敬业主体真正理解和解决好个人与社会的关系，培养集体主义的道德情操，肩负起对社会的责任感和使命感，对克服损公肥私、以权谋私等破坏社会主义市场经济秩序和人民利益的行为会产生很大的作用。

第二，结合时代特征和社会主义建设事业的需要，对儒家敬业观中的自强精神进行现代性的转换，培养和塑造敬业主体的自强意识、竞争意识和创新精神。在中国历史上，自强不息的思想对于激发中华民族自力更生、奋发图强、拼搏进取起到巨大的激励作用。在新时代下，自强不息的内涵也要根据时代的发展而发生变化，主要表现为主体意识、竞争意识和创新意识的提倡和培养。在经济生活中，只有发挥主体能动性，以创新求发展，全面提高创新意识，勇于开拓创新，才会有个人事业的成功和社会的发展。

第三，要积极吸收儒家敬业观中的奉献传统，把它同当前的职业道德建设结合起来，以促进敬业美德的形成。我国传统儒家所讲的奉献，更多的是奉献给君王，具有抹杀个体价值、重义务、轻权利的倾向，因此，我们在继承儒家奉献精神的同时，必须对其进行改造。一方面要发扬传统，另一方面要从实际出发，在新的历史条件下进行继承和更新。在市场经济环境下，在个体利益日益得到社会尊重和认同的条件下，有适当回报的服务行为正成为奉献精神的新形式。只有鼓励和提倡多种形式的奉献精神，才能克服那种把奉献精神绝对化和简单化的弊端，将人们的权利和义务有机统一起来，促使人们把自己的热情和才智、信心和勇气投入到自己的事业中，从而推动社会的发展。

（二）广泛吸收世界各民族敬业精神的精华

要建构中国自己的爱岗敬业精神，就要广泛吸收世界各民族敬业精神的长处。特别是在科学技术迅猛发展的今天，人类的联系越来越紧密，不同文化类型之间的交流、沟通和相互补充，已经成为一个民族文化发展的必经之路。因此，爱国敬业精神的培养，必须兼取不同民族敬业精神文化的优良之处，充实、丰富和壮大自己。

第一，应该批判地吸收西方敬业精神中的科学精神，培养和树立合理的科技进步观。在传统中国，受儒家重人伦、轻科技思想的影响，科学技术的进步作用始终未能被充分认识。新中国成立后，尤其是改革开放以来，中国的科技发展日新月异。但是，对于科学精神的追求往往只停留在认识表层，没有深入到精神内部，劳动者科学技术素养低下的状况也没有从根本上得到改观。正如研究科学学的眭依凡先生所指出的："应当把现在时刻强调的科技意识，固化为一种永久的国民意识，并升华为一种民族追求、民族精神，没有这样一种渗透到全民族各个层面及所有公民心灵深处的科技国民意识，我们就难以彻底摈弃本体深厚且落后的文化观念，从而也就不可能使科技进步成为我们全民族的一种自觉追求的行动。"目前，我国处于经济社会发展的转型期，科技的创新和技术的进步对于经济社会的发展具有关键性的作用，培养科学精神，树立合理的科技进步观是培育广大劳动群众敬业精神的关键环节。

第二，批判地吸收西方敬业精神中的个体精神，树立敬业主体的主体观念，树立个人与集体协调统一的观念。西方文化中的自我意识、个性独立较为明显，他们追求个人的权利，标榜个性的独立，喜欢标新立异、保持个性。我们要建设中国特色社会主义文化，在敬业精神的培养上，要学习西方文化中自由、独立和创新的精神，在经济和社会的发展中促进敬业主体自身的发展。另外，在追求个体自我发展的同时，要处理好个人和集体、社会的关系，树立社会主义的集体观念和敬业精神。

第三，要批判地吸收西方敬业精神中的开拓进取精神。西方敬业精神的灵魂就在于不断开拓创新、勇于探索，正是这种精神的推动，西方人发现了美洲，也正是这种精神的推动，西方创造了令人瞩目的工业文明和现代化。在现代化转型时期，大量新的领域、新的问题、新的方向、新的技术需要攻克和创新，如果故步自封、不求发展，不愿意接受新事物、开拓新领域，那么建设中国特色社会主义现代化事业就会受到影响，会停滞不前。因此，在现阶段的社会主义建设中，我们要学习西方开拓创新的精神，在广大劳动者的日常工作中不断激发新思想、开拓新领域、培养新技术。

第四，要吸收西方敬业精神中的法治观念，树立敬业主体的法治观念和平等意识。由于受封建思想和计划经济体制的影响，宗法观念、等级观念、特权观念等消极因素对现代职业生活还有一定的影响，任人唯亲、裙带关系等小团体观念的存在，对人们的敬业行为产生了不好的影响。因此，要保证社会主义市场经济的顺利发展和敬业精神能够真正发挥功效，就必须借鉴西方敬业精神中的法治观念，提高整个敬业群体的法治、平等和民主观念，使每一个敬业主体都能在一个平等竞争、平等合作的氛围中自由发挥自己的特长，为社会作出自己的贡献。

爱岗敬业精神是一个民族腾飞的希望，是一个民族能够在千变万化的时代立于不败之地的深层根基。作为一种文化精神，敬业精神是一个民族凝聚力的象征，是一个民族勇于创新、走向辉煌的强大动力。在全面深化改革的今天，爱岗敬业精神的培养，不仅要培育劳动者爱岗、敬业、服务、奉献的内在精神，而且要从激励机制、约束机制、社会机制等外在的制度和体制上对爱岗敬业精神提供外在的制度保障，并且要善于吸收和借鉴中国传统文化和西方文化中的有益成分，以充实和强化爱岗敬业精神的内涵。

第三章
领军人才——产业发展中的劳模作用

第一节　现代产业发展中劳模产生的必然要素

一、现代产业发展的趋势

（一）我国产业结构的现状

进入21世纪以来，在经济全球化的大背景下，产业结构的调整已成为世界各国现代产业发展的趋势，目前发达国家的产业结构正在迈入高信息化、高科技化和高服务化的阶段。而中国自改革开放以来，遵循发展经济学提出的三次产业发展规律，大力发展重工业，并结合劳动力比较优势发展劳动密集型产业，加快推进工业化进程，形成了较为完整的产业体系，成为名副其实的“工业大国”“制造大国”。依靠这种产业模式，改革开放40年来，中国经济在很长的一段时间内保持着年均10%的高速增长，近几年GDP增速开始回落，与经济增长速度下滑相伴而生的是长期积累的问题和矛盾不断突显。例如，随着发展水平的不断提高，传统成本比较优势在弱化，技术和结构升级压力日益增加，资源环境制约趋紧，传统产业出现了大规模过剩情况。特别是自2008年全球金融危机爆发以来，世界经济格局一直动荡不堪，由于中国经济国际化水平的不断提升，如何增强经济运行的稳定性，减少世界经济危机的冲击，也是亟待解决的问题。在以增速换挡期、转型阵痛期和改革攻坚期“三期叠加”为主要标志的新常态的大背景下，推进我国产业结构的调整显得更为迫切。

2011年，《一只iPhone的全球之旅》正式出版，这本书讲述了最真实的苹果产业链调查。书中提到，当一个人拿到苹果产品时，它早已游历了大半个世界了，其设计在美国本部，关键零部件在日本、韩国制造，最后在中国深圳的富士康工厂里进行组装。在iPhone的背后，有着全球最让人惊叹的产业分工，但透过其产业链，我们看到的却是太多关于中国制造的困惑和无奈。我们手上的每一部iPhone，其成本的40.86%都来自中国代工，而利润呢？苹果公司占58.5%、韩国占4.7%，而中国才不到2%。占成本四成的中国代工，能分下来的利润却少得可怜，被称作“只咬到苹果皮的中国制造”折射出中国的产业结构面临着巨大的问题。

产业结构，亦称国民经济的部门结构，是指国民经济各产业部门之间以及各产业部门内部的构成。从部门来看，主要是指农业、工业、服务业三大产业之间的关系。就我国三大产业的发展现状来看，农业基础仍然薄弱。近几年，农业和农村经济发展很快，但农业生产方式依然落后，农业规模化、产业化、机械化水平较低。现代农业科技支撑能力薄弱，农业生产的比较效益低。第二产业工业“大而不强”，创新驱动力不足。虽然“中国制造”行销世界各个角落，但具有竞争力的产业主要是劳动密集型和附加值较低的一些加工工业，工业技术自主研发能力不足，许多行业的核心技术和关键设备仍依赖国外，例如，被喻为国家的“工业粮食”的芯片，是所有整机设备的“心脏”，但我国芯片却长期依赖进口，每年进口需要消耗2 000多亿美元外汇，芯片超过石油成为第一大进口商品。中国的制造业一方面表现为低端制造业产能过剩，另一方面表现为中高端制造业产能不足。特别是一些技术含量高、创新能力强的高增长行业发展仍处于初级阶段，龙头性的、具有国际影响力的高新技术企业凤毛麟角。再次，第三产业发展相对滞后，尽管近年来中国第三产业发展势头迅猛，2015年中国第三产业增加值占国内生产总值比重超过50%，但是在发达国家，这一数字已超过70%；中国的制造业在全球的比重已上升至四分之一左右，与此相对，第三产业的比重还不到10%，特别是一些高技术附加值、高知识含量的新兴服务业的发展相对缓慢，缺乏国际竞争力。由于产业结构的不合理，中国以往的经济发展模式是以破坏环境、耗费不可再生资源等为代价的。2015 年 3 月，中央政治局会议首次正式提出了经济“绿色化”发展，在今天人口、资源与环境面临巨大压力的情况下，中国产业结构的现状决定了推进产业结构的优化与转型是我国现代产业发展的必然趋势。

（二）产业优化与转型：以上海为例

加快转变经济发展方式，推动产业结构优化升级，这是关系国民经济全局紧迫而重大的战略任务，党的十九大报告指出：“实现‘两个一百年’奋斗目标、实现中华民族伟大复兴的中国梦，不断提高人民生活水平，必须坚定不移把发展作为党执政兴国的第一要务。”“我国经济已由高速增长阶段转向高质量发展阶段，正处在转变发展方式、优化经济结构、转换增长动力的攻关期。”

经济转型与发展的核心问题是产业结构调整。近几年，在国家战略的积极推动下，我国产业结构的优化和转型取得了阶段性的成效；重工业比例逐步下降，轻工业比例逐步上升。与此同时，劳动密集型产业占比逐步回落，高新技术产业的占比大幅提升，服务经济发展开始提速，2013 年，我国第三产业的占比首次超过第二产业，服务业主导地位开始显现，特别是金融、专业服务、现代物流等高端生产型服务业发展迅猛，成为产业升级的重要支撑。

以上海市为例，20 世纪 90 年代初，上海为了强化其国际化大都市的声誉与影响力，提出建设“四个中心”——国际经济、金融、贸易、航运中心的战略构想。为了实现这一战略目标，作为特大型城市的上海始终把产业结构调整作为发展的主攻方向。长期以来，上海的产业结构以工业为主，服务业特别是现代服务业的发展相对滞后。在 2008 年国际金融危机中，上海经济受到冲击最大、影响最深的便是工业。特大型城市的资源环境都非常有限，要获得新的增长，必须形成以服务经济为主的产业结构。按照这一路径，上海围绕“四个中心”战略大力推进现代、高端服务业。数据显示，截至 2016 年底，上海金融机构加速集聚，国际金融中心资源配置功能逐渐增强，上海各类外资金融机构总数达431家，上海排名至全球金融中心城市第6位。国际航运中心建设方面，上海港口集装箱吞吐量连续7年居全球第一，机场航空旅客吞吐量突破1亿人次，成为全国第一，是全球第五个亿级航空城市。伴随上海自贸区的设立，上海的国际贸易中心集聚辐射效应也进一步显现，上海自贸区跨境人民币年结算额近万亿元。在“四个中心”战略的推动下，上海第三产业增加值占全市生产总值比重达到70%以上。在推进现代服务业的同时，上海第二产业的发展定位于大力发展先进制造业与高新技术产业，对高载能行业由“限制发展”升级到“限制生存”，特别是在经济发展新常态的背景下，上海推出的“四新”经济大大加速了上海的产业结构调整，2015年以来，主动对接国家“互联网＋”行动计划和“中国制造2025”战略，聚焦大飞机、高端装备、高端医疗器械、新型显示等重点领域，布局实施一批战略性新兴产业重大项目和重大科技专项，开展国家集成电路产业集聚发展、北斗卫星导航产业重大应用、物联网重大应用等示范试点；对传统产业加强与新技术的对接，坚持做“微笑曲线”的两端，提升产业的附加值，这些都使上海制造业战略升级的步伐明显加快。城市产业的优化与转型是现代城市不断演进的内在动力，上海在现代产业发展中的华丽转身，不但使自己朝着国际化大都市的目标挺进，而且也使自己成为长江流域乃至全国经济与社会发展中的创新与增长源。

二、现代产业环境对劳模成长的支持

习近平总书记指出：“产业结构优化升级是提高我国经济综合竞争力的关键举措。要加快改造提升传统产业，深入推进信息化与工业化深度融合，着力培育战略性新兴产业，大力发展服务业特别是现代服务业，积极培育新业态和新商业模式，构建现代产业发展新体系。”[①]现代产业体系是保证我国经济保持中高速增长、迈向中高端水平的基础。近年来从共享单车、支付宝到最快高铁“复兴号”，从“蛟龙”入海到量子卫星的成功升空……以高端装备

① 习近平在华东七省市党委主要负责同志座谈会上的讲话（2015年5月27日），参见《习近平关于社会主义经济建设论述摘编》，中央文献出版社，2017年版，第190页。

制造业、高技术产业等为代表的新业态、新产业的快速成长标志着我国现代产业体系正在加速形成。现代产业体系下的新的产业环境决定了劳动者与产业发展之间的关系更为紧密，而作为劳动者中最具活力、最具能量的劳模，与现代产业的进步更是息息相关，现代产业环境不但为劳模发挥引领作用提供了一个广阔的舞台，更为新时代劳模的成长与培育提供了巨大的支持。

（一）现代产业凸显劳模的人力资源价值

21 世纪是人类社会从工业经济迈向以人力资本为依托，以现代科学技术为核心，以高科技产业为支柱，以不断创新为灵魂的新经济时代。这一时代，人的知识和创新能力作为一项重要的生产要素进入到生产过程，在创造企业财富的诸种要素中，物质资本要素、资金及尚未受过教育培训的自然型劳动力，将不占主导地位，以人的知识和创新能力为特征的人力资本要素则成为主要的生产要素。现代产业依赖的生产资料不再是以资金、设备和原材料为主，而是以人的知识为主，战略资源变成了信息、技术和知识，这类无形资产对现代企业的生产经营起着重大作用。由于现代产业是一种人本经济，在它的各种生产要素中，人力资本起着决定性的作用，比如说微软公司，它并没有什么厂房、设备，也不需要大笔资金来购买原材料，公司价值来源于员工的大脑和高管的智慧。无论是新产品的开发与营销，还是技术的变革与应用，都是以人为核心要素的。在现代产业环境中，同样的物质资本由不同的人来运作，其增值的差别是巨大的，高素质的人力资源对经济增长可以发挥倍数效应，例如，中国石化上海石油化工股份有限公司装置主任、劳模周国明提出并参与实施的催化裂化换热网络优化综合治理项目，被列入“上海市十大重点节能工程案例汇编”，每年节约标准煤 3597.94 吨，年效益 785 万元。2012 年新建装置开车，他打破以往催化分馏塔带塔分路循环的常规做法，节省开工柴油 1 500 吨。2013 年，针对这套全国规模最大的重油催化装置出现催化干气不干现象，他认真研究分析，提出利用催化顶循环油作再吸收剂，使 C_3 以上组分由 20%下降至 3%，年增效 9 000 多万元。2014 年，他以“周国明劳模创新工作室”为平台，带领攻关小组开展 9 个课题和 2 项技改项目，成功解决了废碱外送带来的环保压力；同时通过攻关降低了碱液、催化剂等三剂费用达700万元，为企业带来了巨大的经济效益。劳模作为产业大军中的高素质人力资源，在现代产业的发展下，更加凸显出他们的巨大价值。

（二）产业可持续发展需要创新型领军人才

传统产业的发展模式过度依赖物质资源的消耗，在社会资源总量有限的情况下，难以持续发展，而现代产业的发展，更多的是依靠新知识、新技术、新信息、新工艺等在生产中创造出新的经济增长点从而实现产业的可持续性发展。正如党的十九大报告所指出的，我国发展经济的着力点必须放在实体经济上，要“加快建设制造强国，加快发展先进制造业，推动互联网、大数据、人工智能和实体经济深度融合，在中高端消费、创新引领、绿色低碳、共享经济、现代供应链、人力资本服务等领域培育新增长点、形成新动能”。在这样一个发展转型、产业转型、迫切需要新动能的关键期，人才是主要的践行者和主导者，因此各行各业都迫切需要一批优秀的创新型领军人才，创新型领军人才是一个国家人才队伍中最杰出的群体，是具有典范作用和领军功能的核心人才，而劳动模范就是活跃在我国各行各业的创新型领军人物，他们不但具备崇高的价值追求，而且极具创新意识，在产业第一线不断以新思维、新技术、新产品、新方法来推动产业的进步。劳动模范作为领军人物的最大作用是培育或传播一种文化或精神，让整个团队有一个共同理念、共同目标、共同行为准则，从而使团队凝聚成强大的合力，进而转化成强大的生产力，因此重视劳模，重视创新型领军人才的培养，提高劳动者素质，已成为企业的普遍共识，也是产业持续发展的基础。

（三）“以人为本”的现代企业管理促进了劳模的培育

人构造了企业的蓝图，形成了企业的组织，提供了企业的产品，维持了企业的发展，“以人为本”是世界优秀企业家的共识，人本管理也是现代企业管理的基本理念。人本管理把人当作管理过程中的最关键因素，将理解人、尊重人、充分发挥人的主动性和积极性置于管理活动的核心。现代产业发展的趋势更使人在劳动要素中的地位越来越重要。当今时代，环境越来越复杂,技术迭代越来越快,这要求极大激发人的主观能动性,围绕着这一理念,现代企业制度建立了一系列彼此联系、相互影响的人本管理机制,如:

(1) 企业文化建设机制。现代企业重视企业文化的建设,企业文化是企业的灵魂,是企业的凝聚力所在,它决定着企业成员的思维方式和行为方式,对企业的发展与成长产生持久的影响。

(2) 民主参与机制。鼓励职工参与企业管理,这是人本思想的体现,职工是企业的主人,主人翁意识会使职工把企业的事看成自己的事,把企业的发展和自身的职业生涯紧密结合起来,从而激发出职工的工作热情与创造激情。

(3) 人才培养机制。现代企业高度重视人力资源的培训、开发和利用。培育高素质人才不但会给企业带来巨大效益,而且可以提升员工个人的能力、素质,使员工终身受益,实现员工和企业利益的双赢。

(4) 全面激励机制。现代企业全面、完善、合理的考评激励制度会极大地激活人,挖掘人的创造潜能,增强企业员工的责任心。例如,2011 年 5 月,上海第一财经频道《头脑风暴》节目中,上演了一场精彩对话,从中可以看出现代企业对劳模创造潜能的激励:

(主持人)袁岳:我问问激励的事,像李斌、王军(劳动模范)这样的,整出这么大个奖(国家科技进步二等奖),你们给他怎么激励的?

汪金德(宝钢工会主席):像宝钢这几位,包括孔利明(劳动模范)在内都是拿年薪的。

袁岳:就是因为他们创新?这些有创造的劳模年薪大概能拿多少?大概是相当于一个啥数字呢?

汪金德:不是拿到最高的专家,至少是相当于宝钢工程师里第二档专家。一年大概买一辆好车都没问题吧。

袁岳:多么好的车?宾利?

汪金德:跟上汽的豪车差不多吧。

袁岳:那就是说一年能有三四十万。

汪金德:有的,有的。

袁岳：有的，有的，这个话意思是50万左右了。

汪金德：就是50万，宝钢这几位劳模的年薪折射出在产业发展的背景下，创新型、技能型、知识型劳模是市场经济中的现代企业获得竞争优势的宝贵的人力资本。

以上这些现代企业制度下的人本管理机制使企业员工的人格得到了最大的尊重，使员工的欲求得到合理满足，使员工的潜能得到极大开发，使员工的价值得到充分体现，使员工更具主体意识，更具事业心，更加爱岗敬业，更加积极进取，这一切都对现代产业背景下劳动模范的催生与培育发挥了巨大的推动作用。例如前面提到的全国劳模孔利明，一年的收入可以买一辆上汽的豪车，在宝钢，不论是企业领导还是普通职工，都认为这是应该的。这样的劳模，这样的发明家是企业的财富，特别是从他对企业的贡献和对职工的影响看，为企业作出贡献的劳模拿到了高收入，劳模才更有说服力。作为一个现代企业，既要鼓励职工为企业作贡献，同时也要实现贡献和效益的挂钩。宝钢作为现代企业的典范，一直都把职工作为企业发展的主体，通过建立一系列完善的机制，激励广大一线工人立足本职岗位创新，主动为企业创造价值，实现员工与企业的双赢。这个过程催生了大批的创新型劳模。

现代企业非常支持劳模的培育，因为劳模精神是企业价值观和企业精神的体现，是企业文化的核心，是企业的灵魂。它对企业的经营理念、道德风尚，团队意识和企业形象等都会产生深刻影响。企业需要通过劳模精神来铸造企业文化，对内让企业价值观更具活力，对外则塑造企业的良好形象。例如，就宝钢的发展来说，让劳动模范和工人发明家做领头雁，培养更多的能工巧匠，既是企业发展的秘诀，也是企业文化的核心，在宝钢，有许多以劳模的名字命名的工作室。2011年，孔利明创新工作室获评上海市首批劳模创新工作室。2012年，孔利明、王军、王康健、杜国华创新工作室被命名为上海市首批技能大师工作室，这些创新工作室已然成为企业发展中最具活力的细胞，并且在以极快的速度裂变着，“蓝领创新”“劳模创新”已成为宝钢的一项品牌，一种风尚。在宝钢，像孔利明、王康健这样的普通职工，成为创新主体，给企业带来竞争力。一提起“蓝领创新”，宝钢人会很自豪地说出

"一二三四五"，即上海市职务发明第一人是宝钢工人；宝钢有两人获得国家命名的"当代工人发明家"称号；在获得国家科技进步二等奖的全国十名工人中，宝钢占三人；企业技术秘密年均 2 000 余件，四成由一线工人完成；宝钢平均每天产生专利 4 件，五成由一线工人创造。这些数字充分说明了企业对创新精神的重视，也说明了创新精神对企业发展的重要作用。

三、现代产业发展锻造了劳模的新特质

产业不断地优化和转型是现代产业发展的根本趋势，特别是在 2008 年国际金融危机爆发之后，各国开始反思"经济虚拟化""产业空心化"所带来的问题，纷纷启动了"再制造业化"的进程。德国与欧盟提出了"工业 4.0"，率先实现产品研发制造模式的个性化与智能化；美国提出了"工业互联网"，通过打造高度智能化的信息系统，实现了大数据与智能生产的无缝对接；我国也顺应时代潮流适时推出了"中国制造 2025"行动纲领，正式启动制造业智能化的战略。由几大工业强国共同发起的第四次工业革命的浪潮正在以惊人的速度席卷全球。中国国家主席习近平出席的 2017 年世界经济论坛年会，将如何应对第四次工业革命列为五个会议的支柱议题，充分表明第四次工业革命已成为当前世界发展面临的重大问题。每一次工业革命都会使人类的生产力水平大幅提高，使人类的生产与生活方式发生巨大变化。产业结构升级优化一方面淘汰一些原有的工作岗位，同时创造出新的工作岗位；另一方面，优化升级带来的职业岗位变化对劳动者的职业素养提出了更高要求。随着产业的发展与进步，劳动方式在迅速变化，可重复的体力和智力劳动正在被智能机器人取代，导致精神、审美、决策、伦理、艺术、学习等以人的智力和心性为内涵的劳动过程更加重要，劳动者的工作方式从简单执行操作转化为更为复杂的集成处理。产业成功转型的关键是人力资源的转型，现代服务业人才、新型产业工人等都是产业转型成功的必要支撑。现代产业的发展对劳动者的素养有了更新的定位与要求，劳模作为各行业新型劳动者的领军人物，在顺应现代产业发展的需求下，锻造出了彰显新时代优秀劳动者风采的特质。

（一）创新型人才：勤于思索、勇于改变

十九大报告指出："创新是引领发展的第一动力，是建设现代化经济体系的战略支撑。"我们需要建设知识型、技能型、创新型劳动者大军，培养造就一大批具有国际水平的战略科技人才、科技领军人才、青年科技人才和高水平创新团队。创新型人才作为创新活动的主体，是经济发展中最活跃的因素，也是现代企业获得及维持竞争优势的关键。劳模作为当代劳动者的典范，顺应产业发展的大趋势，成长为最受现代企业欢迎的创新型人才。所谓创新型人才，是指在特定领域内，在某一方面打破成规，做出突破性的变革，并以自己的创新性思维和创新性劳动为社会作出正向价值贡献的人才。在这些成为创新型人才的劳模的身上，存在着一些共同的特质：他们对新事物充满着强烈的好奇心，对环境变化有着足够的敏感性；善于观察发现；有高度的自觉性和独立性；具备求异思维和丰富的想象力；意志品质出众，敢于冒险，敢于打破成规，乐于挑战。例如前面提到的宝钢劳动模范孔利明，人称"孔发明"，是上海拥有职务发明专利最多的工人。曾有记者为他写下这样的宣传稿——《孔利明——52 个春秋 52 项发明》，人们都觉得孔利明"神"了，大家都好奇这个只有初中文化水平的普通电气工人是怎样成长为现代企业的一位"工人发明家"的，孔利明的回答是："人人是创造之人，时时是创造之时，处处是创造之地。"孔利明有一双随时捕捉问题的眼睛，一副穷追不舍的脑筋，一双不断实践的双手，一颗碰到挑战就兴奋的心。例如在宝钢建厂初期，孔利明发现从日本、美国引进的重型车辆的蓄电池等易耗件用量太大，价格太贵，想用国产货取代，可驻厂的日本专家却一口咬定：中国蓄电池不可能在进口车上使用，必须从日本进口。孔利明不服输，积极探索实验，摸索出一整套进口车与国产蓄电池搭接使用的方案，推广以后，第一年就为宝钢节省外汇 15 万元。孔利明说："其实这项成果技术难度并不大，进口设备与技术并不是高不可攀，关键是推翻洋专家的结论，要敢于冒风险，要熟悉它、掌握它、改变它、发展它。"

（二）学习型人才：善于学习、不断提升

现代产业环境下锻造出的劳动模范是典型的学习型人才。所谓学习型

人才就是在工作、生活中能够保持学习态度、持续不断吸收新东西，与环境组织不断融合的人，是可持续发展的人。随着现代产业飞速发展，新知识、新技术、新信息扑面而来，对社会经济发展的作用越来越大，在这个巨变的时代里，劳动者只有有效学习，才能在竞争中获得优势，跟上时代的节奏并成为企业的领跑者。以全国劳模朱雪芹为例，这个十多年前从江苏老家来到上海务工的“打工妹”，今天成长为中国第一批当选全国人大代表的农民工、上海华日服装有限公司工会主席，是什么改变了她？“学习”——朱雪芹的回答毫不犹豫。学习，是她来上海后挖掘的“第一桶金”。积极主动的学习不但让朱雪芹掌握了全面的技能，获得了高中文凭，更获得了前往日本研修企业管理课程和服装设计专业的机会。而异国他乡的日语学习让这位昔日的“打工妹”成了既会日语又懂技术的行家里手。再比如，劳模徐小平是上海大众维修科技术总监。只有高中文化且工人出身的他为企业攻克了30多项技术难关，为企业在中国制造出一流的轿车发动机作出了突出贡献。徐小平说：“要实现产业升级，中国的技术工人必须跟随国际前沿技术的发展而不断提高。”徐小平有36年工龄、26年上夜校的经历，他的学习几乎从未停歇；课本上学、岗位上用，从不会德语到今天能用德语主持中德设备商务谈判，学习让他跟上了技术发展的脚步，成长为现代产业大军中的优秀一员。

（三）合作型人才：乐于分享、善于合作

每个时代的发展都有自己鲜明的特征。美国学者比恩曾提出，竞争是工业社会的价值观，而知识经济时代的价值观则是合作。现代产业环境下，科技知识的生产及传播速度加快，产业融合的节奏也在加快，企业以链状结构进行生产，信息资源共享性不断加大，所有这些都表明，现今时代是一个以合作取胜、协作竞争的时代。因此，劳模不仅是引领现代产业发展的领军人物，又是极具代表性的合作型人才，他们不仅具备高超的专业技能，而且乐于分享善于合作，以全国劳动模范、上海飞机制造有限公司高级技师胡双钱为例，这位在中国新一代大飞机C919的项目研制中作出重大贡献，在37年的从业生涯中加工数十万个零部件竟没有一个次品的“大国工匠”曾感慨

地说:“当时我进厂时,没有师傅带,自己吃了不少苦头,现在有机会了,一定要给年轻人提供更多的帮助,我会毫无保留地把我的经验传授给更多的年轻人,希望他们早日成为车间的顶梁柱。”一枝独秀并不是胡双钱追求的结果,他认为一个好的集体,必须是芬芳满园的,只有这样才能把工作真正做好。胡师傅负责的“大国工匠”工作室里,就有很多年轻人,而他总是惦记着如何让他们收获更多更快的成长。胡师傅带领的“大国工匠”工作室在2015年还参与创建了上海市“劳模创新工作室”,作为创新工作室的领军人物,胡双钱说:“我将竭力为中国大飞机事业打造出一支技术创新、攻坚克难、吃苦耐劳、勇于追梦的精品团队。”在现代企业的发展中,劳模们正以他们乐于分享、善于合作的精神,不断地催生、吸引和凝聚着更多的优秀人才,不断开拓前行。

(四)抱负型人才:甘于奉献、立足大局

劳模作为新时代各行业的领跑者,都是极具远大抱负的人才。他们拥有探索科学、发展科学、服务人类、服务社会的远大抱负,具备对自己、对他人、对社会的高度责任感,对自己所从事的事业有着执着的情感和坚定不移的信念,不断追求个体的自我实现。例如全国劳模高凤林是中国航天科技集团公司第一研究院211厂发动机车间班组长,37年来,他几乎都在做着同样一件事:为火箭焊“心脏”——发动机喷管焊接。凭借在焊接方面的独特技能,在他焊接的发动机的助推下,130多发长征系列运载火箭成功飞向太空,这个数字,占到我国发射长征系列火箭总数的一半以上。他在平凡的岗位上,孜孜不倦地追求职业技能的完美和极致,成为“国宝级”顶级技工。2016年,中央电视台《新闻联播》播出的《大国工匠》系列片第一集就报道了他的事迹。高凤林在报告中说道:“岗位不同,作用不同,心中只要装着国家,什么岗位都光荣,有台前就有幕后。”在这30多年中,曾有人开出“高薪加两套北京住房”的诱人条件给高凤林,高凤林却说:“我们的成果打入太空,这样的民族认可的满足感是用金钱买不到的。”高凤林曾告诉《大国工匠》的制片人,他每天晚上离开厂房时,都要回眸看看,这里有安全方面的原因,更多的是在欣赏,他觉得自己手上诞生的作品就像金娃娃一样,每一个都是他

精心雕琢出来的。被人称为"航空'手艺人'"的劳模胡双钱，曾在《大国工匠》节目中讲述制造大飞机的任务难度之大，令人难以想象：一个零件要100多万元，关键它是精锻锻出来的，所以成本相当高。因为有36个孔，大小不一样，孔的精度要求是0.24毫米。0.24毫米，相当于人头发丝的直径，这个本来要靠细致编程的数控车床来完成的零部件，那时只能依靠胡双钱的一双手和一台传统的铣钻床，而仅用了一个多小时，36个孔悉数打造完毕，一次性通过检验，也再一次证明胡双钱的"金属雕花"技能。尽管胡双钱、高凤林仅是一名工匠，但他们对待自己的作品，就像艺术家对待艺术品一样；他们创造的与其说是技术传奇，不如说是人生传奇和精神传奇，他们有着自己明确的精神价值追求和较高的人生境界，既不满足于一时的成事，也不满足于世俗的所谓成功，所以"劳模精神""工匠精神"，重点在"精神"二字。当下，对物质利益的追求在很多时候遮蔽了人们对精神价值特别是超越性价值的追求。有些产品我们做不出来，有些产品我们做出来却没有竞争力，恰恰是因为缺乏把工作当责任和使命的劳动者。而劳模们恰恰是用心来创造自己的工作，用生命来演绎自己的人生，他们是不懈追求自己人生梦想的一个群体，正如劳模孔利明所说："现在很多人关心我的收入，其实对我自己来说这是不太重要的。作为一个人，我最希望的是在不断的创新中提升自我，这就相当于增加了生命里精神因素的含量，最大限度地优化人生质量，进而变普通为神奇，完成渺小向伟大的跨越。这一切是我坚持不懈的追求。"不断追求卓越，甘于奉献，立足大局，这是现代产业背景下劳模们共同的精神特质。

四、现代产业环境中组织引导对劳模形象的培育

劳动模范是时代的领跑者，是劳动者的榜样，"榜样"在《现代汉语词典》中的解释为"楷模"，即值得学习的人或事物，榜样的言行举止具有积极正面的教育意义。社会学习理论的创始人班杜拉认为，人的行为可通过观察学习来获得，但获得什么样的行为以及行为的表现如何，则有赖于榜样的作用。列宁说："活榜样的作用，比任何宣言和任何会议都要大。"树立榜样人物是每个时代的需要，马克思曾说："每个社会时代都需要有自己的伟大人

物，如果没有这样的人物，它就要创造出这样的人物来。”尤其在现代产业发展、社会转型、价值观多元化条件下，积极培育代表主流价值观和时代精神的劳动模范，弘扬劳模精神、工匠精神，是我国各级工会组织的重要使命。新时代、新形势下的各级组织对劳模培育工作，主要体现在以下几个方面：

（一）切实做好劳模的选树工作

随着现代产业的发展，行业的分工越来越细，在各行业奋战的劳动者越来越多，为了选拔出真正优秀的劳动模范，各级工会组织都在不断地完善劳模的评选机构和程序，使之更加民主、公平、公开、公正。在劳模的选树中，各级组织顺应时势，不断优化劳模结构，树立与时俱进的劳模评选标准。劳模的选树始终坚持面向基层，特别注重长期工作在生产、科研一线，在平凡岗位上作出突出贡献的先进人物，确保一线职工达到一定的比例，在一线工人中，在平衡劳动贡献的前提下，更加侧重于创新型劳模的培育。近些年来，随着我国经济结构、产业结构的巨大变化，劳模的人选结构也发生了相应的调整，越来越多的非公经济领域和外来务工人员中的先进人物被选树为劳模，在社会各个阶层中选树劳模，使劳模及劳模精神的影响力、凝聚力发挥出更大的作用。

（二）充分发挥劳模的示范引领作用

国家要发展，民族要复兴，社会正能量的释放是根本的动力。十九大报告指出，要在全社会弘扬劳模精神和工匠精神。我们的社会需要以劳模的爱心和奉献精神去引领社会风尚，需要以劳模炽热的情怀带动人们树立正确的劳动观，我们的企业需要以劳模激励员工爱岗敬业，不断创新增效。因此充分发挥劳模、工匠的示范引领作用是劳模培育工作中最为核心的部分。各级工会组织都在努力通过各种途径，采取各种方法，为充分发挥劳模工匠的骨干带头作用和示范导向作用创造条件。例如：近年来，上海市总工会执着地做着这样一件事，并已开花结果，那就是推动企业为劳模度身定做“工作室”，为劳模发挥效用创造更多条件，并引领更多职工一起进步。上海市总工会要求全市企业为在技术、业务方面有专长，有一定的理论水平、实践经验、创新能力和创新成果的劳动模范建立“劳模创新工作室”，以其名字命名，帮助其组织相关高技能人才组成创新团队。市总工会还为“劳模创新工作室”的真正运转给企业规定了硬性条件：必须要给工作室攻关项目，必须要给工作室场地和经费。几年来，在上海市总工会的大力推动下，包括以全国劳模李斌为核心的“李斌数控技师工作室”等在内的 40 多个“劳模创新工作室”获得惊人突破：“李斌数控技师工作室”因研发了“高压轴向柱塞泵/马达国产化关键技术”，打破了国外技术垄断，实现高端液压元件的国产化；上海大众徐小平的“维修技术工作室”，自行研制了“激光可视对焦仪”，打破了国外的技术封锁，掌握了自主知识产权，获得了上海市科技进步二等奖；电力检修公司高级技师杨庆华的“输电技术创新工作室”，由近 40 名一线生产技术骨干组成，申请和获得国家专利 10 余项，累计创造经济价值逾亿元。2016 年，上海市总工会为配合上海市落实“中国制造 2025 计划”，又推出一项重大举措，于 2016 年起计划用 10 年时间培养选树 1 000 名“上海工匠”，打造一支与加快上海建设科技创新中心和实施“中国制造 2025”要求相适应的高技能人才队伍，并助推工匠们创建创新工作室。工会组织通过整合各种资源，搭建有效平台，不但促进了劳模、工匠的成长，也充分发挥了他们在行业中的示范、带头作用，为企业与社会创造了巨大的价值。

（三）关心劳模生活，落实劳模待遇

劳模是人民授予生活建设中先进人物的一种崇高称号，以表彰劳动中有显著成绩或重大奉献可以作为榜样的人。从这个定义可以看出，劳模不仅意味着奉献，也代表着社会对他们劳动的承认和对其价值的尊重。劳模不仅是精神文明的典范，同时也是物质财富的创造者。在市场经济发展的今天，他们在为社会奉献更多价值的同时，也应得到社会相应的物质和精神回报。党的十九大报告提出，要使人民获得感、幸福感、安全感更加充实、更有保障、更可持续。而劳模作为人民群众中优秀的代表群体，他们的获得感、幸福感、安全感更是组织重视和关注的焦点。因此关心劳模的物质与精神生活，落实劳模待遇，不断提升劳模的获得感、幸福感与安全感是各级组织培育劳模时承担的重要责任。为了更好地完成这一任务，各级组织都构

建了一系列相关的制度，如走访慰问劳模制度、劳模疗休养制度、劳模体检制度、落实劳模各项社会保障的制度等。以上海市总工会为例，上海工会坚持做到对劳模的重大节日必访、劳模突发困难必访、思想波动必访、生病住院必访等"四个必访"，深入劳模家庭，解决劳模工作和生活中的实际困难，并且上海工会每年从工会经费中列支百万元，组织开展"千名劳模疗休养"，健全完善劳模健康管理，2003 年，上海市总工会在上海市工人疗养院建立了"劳模体检基地"，每年组织全国劳模体检，建立劳模健康档案，实行健康管理。针对老劳模退休早、收入偏低的实际，在上海市政府的支持下，2011 年建立低收入劳模帮扶制度，实行"托底"保障。通过市社保系统，对低收入市劳模实行养老金账户自动匹配差额补贴，确保退休劳模养老金略高于社会平均水平。同时帮助落实农民工劳模按政策规定转入上海户籍。上海持续加大特困劳模帮扶力度，如今其资金规模已是 2004 年上海工会建立此项机制时的十几倍，使劳模切实感受到党和政府各级组织的关爱。各级组织对劳模生活的关爱不但增强了劳模的社会认同感和归属感，也增强了劳模的荣誉感，提高了劳模的积极性。

第二节　劳模在现代产业发展中的功能

一、劳模在产业运行中的经济功能

（一）劳动是创造价值的根本源泉

18 世纪英国工业革命期间，亚当·斯密和大卫·李嘉图提出，劳动（特别是产业部门的劳动）是创造人类财富价值的源泉。亚当·斯密认为：劳动是衡量一切商品交换价值的真实尺度。19 世纪，马克思在英国古典经济学的基础之上创立了新的劳动价值论，马克思认为劳动是人类生存与发展的基础，劳动不但创造了人类本身，而且是商品价值的源泉。马克思主义的劳动价值论指出，任何商品都具有两重属性：一是作为有用物品的自然属性，即它的使用价值；二是它可用于交换别的产品的社会属性，即它的交换价值。不同的使用价值之所以能够按照一定的比例互相交换，是因为它们之间存在着共同的、可以比较的东西，这种共同的属性是指各种商品都是经过人类劳动生产出来的，都是劳动产品。马克思认为商品中凝结的一般人类劳动就是商品的价值。

马克思的劳动价值论让我们认识到价值的真正源泉是人类的劳动，而劳动的主体是劳动者，劳动者是生产商品、创造价值的主体。离开了劳动者与劳动，整个社会经济活动就无从谈起，人类社会也就不复存在。随着时代变迁和社会的发展，劳动的内涵虽然在不断丰富，劳动的形式日趋多样化，但劳动创造价值则是永远不变的主题。

（二）劳模是巨大的经济价值的创造者

劳动模范是劳动者中的优秀典范，是推动我国生产力发展和产业进步的中坚力量。众所周知，劳模能够为社会创造巨大的经济价值。劳模在产业第一线用劳动和智慧直接创造物质财富。他们在特定范围内代表先进生产力的水平，劳模一般是本行业、本岗位、本专业的技术尖子、创新骨干，他们或是在生产、经营、管理方面具有一技之长，或是在增进产品质量、节约成本、提高劳动生产率、产品推销等方面具有“绝招”。现代产业中的劳模不但是爱岗敬业、“出大力流大汗”的标兵，更是先进的科学技术的掌握者和开拓者，他们在岗位上或革新工艺技术，或创新管理模式，或揭示科学奥秘，日复一日、年复一年地不断建立新的经济增长点，从而创造出巨大的经济价值。例如，2013 年《人民日报》发表了一篇题为《中国农业创新助力发展》的评论文章，作者是前微软 CEO 比尔・盖茨。文章提到，当年保罗・埃利希在《人口爆炸》中提到的“世界上将有亿万人因饥饿丧生”预言的失败很大程度上要感谢世界上几位农业天才的创新。美国的诺曼・博罗格和中国的袁隆平等农业科学家，研发出了新品种的小麦、水稻以及玉米，这场“绿色革命”在世界范围内帮助农民将粮食产量提高了两到三倍。比尔・盖茨认为，在人类与饥饿斗争的历史上，袁隆平这位全国劳动模范，这位备受世界尊重的“杂交水稻之父”，这位农民兄弟眼中的“米神”，这位美国科学院院士中唯一的中国工程院院士可谓大功至伟。他培育的超级杂交水稻不仅在很大程度上解决了中国人的吃饭问题，而且也被认为是解决当前世界性饥饿问题的法宝。从亚洲到美洲，再到非洲、欧洲，袁隆平的杂交水稻遍布世界，人们将它称作为“东方魔稻”，国际上甚至把杂交稻当作中国继四大发明之后的第五大发明。一粒小小的种子改变了整个世界，有人预估，袁隆平的种子共创造效益 5 600 亿美元。做个假设，如果把 5 600 亿中的零头分给劳模袁隆平，他的资产就会与世界首富比尔·盖茨相当。

无论是科学家劳模，还是一线产业工人劳模，都有一个共同特点，他们一方面在创造物质财富，向社会传授职业技能，贡献知识资本，另一方面又不断释放出强大的精神力量。劳模具有强大的感召力和影响力，能凝聚人心，汇聚智慧，影响和带动一批又一批劳动者奋发有为。例如全国劳模、宝钢工程师王军是宝钢发明创新的典范，除了自己在岗位上创新不停步，他还担任了热轧厂职工发明创造协会会长和创新小组组长。2009 年，他又在网上开设了创新交流专栏，同事在专利设想、专利申报流程等方面有什么问题，都能通过网络接受王军的一对一指导。截至 2010 底，王军率领的创新团队已完成技术秘密 200 余项，获国家专利局受理和授权专利 150 余项，涌现了两名上海市十大工人发明家和 3 名宝钢首届工人发明家，实现年效益近 2 亿元。劳模用榜样的力量激励了更多的劳动者为社会创造出更多的经济价值。

在市场经济的今天，劳动模范是企业、行业、地区乃至国家的无形资产，劳模以他们自身的形象给所在企业带来极大的市场竞争优势，产生巨大的经济价值，因为劳模本身不仅是企业诚信度的最佳诠释，而且是企业提升企业知名度的有效手段，越来越多的企业在进军市场时开始依托劳模树立企业的形象。例如上海西部企业集团就曾注册成立了“徐虎物业公司”，聘请全国劳动模范徐虎作为这家专业物业管理公司首席执行董事，并以徐虎为榜样，开通“徐虎热线”，为住户提供 24 小时的水电急修服务，徐虎“辛苦我一人，方便千万家”的服务宗旨不但很快融入企业，而且迅速得到了消费者的信赖和认可，抢占了市场版图，承担了上海诸多中高档小区的物业管理业务，使企业的经济效益获得了提升。劳模这块金字招牌正在为企业创造出可观的财富。

二、劳模在产业开拓中的创新功能

（一）科技创新是产业进步的推动力

“创新”概念自20世纪提出以来就引起国际社会的广泛关注，从20世纪中后期起，在世界范围内出现的新科技革命使科学技术成为推动生产力发展的重要因素，科学技术成为第一生产力。新科技革命的突破带来新的产业革命，科技创新几乎与产业进步同时进行，科技与经济的联系越来越紧密。因此国际上都把科技创新的活跃程度作为评价一个国家产业发展和经济增长的重要标志。例如《2017年全球创新指数报告》显示，在世界127个国家和经济体当中，我国创新表现排名第22位，成为唯一与发达国家经济体创新差距不断缩小的中等收入国家。美国《华尔街日报》对此进行了这样的评价：“中国曾经以廉价劳动力闻名于世，现在它有了其他东西来贡献给世界——创新。”

今天的中国，创新已成为引领发展的第一动力，创新成果丰硕，天宫、蛟龙、天眼、悟空、墨子、大飞机等重大科技成果相继问世。被外国网友誉为“新四大发明”的高铁、共享单车、移动支付和网购都是最新科技创新的成果。比如共享单车，看似简单的一辆自行车，背后却是多项创新技术的集合：GPS定位技术、加固技术、轮胎技术、加密技术，等等。科技创新是推动经济发展和产业进步的核心力量。创新对产业发展和经济增长最直接和重要的作用就是促进了新兴产业的发展，“新兴产业的诞生大多源于一个或若干个重大技术创新，当企业的此项技术创新在市场获得成功以后，企业创新主体会受市场激励进一步扩大生产，扩大企业所占的市场份额，增强企业核心竞争力，许多潜在竞争者也会看好这一领域，纷至沓来。当跟进这一创新产品的企业日益增多，产品的生产和市场规模达到一定值时，一个新兴产业便应运而生”，新兴产业是国民经济中最有生机的朝阳产业，能够带动整个经济的发展，优化升级产业结构。以我国为例，伴随着创新能力的增强，战略新兴性产业的发展速度很快，2013年，我国高技术产业在GDP中的占比已经超过了13％，涵盖电子信息、生物、航空航天、新材料、新能源等领域的高技术产业成为我国经济发展的稳定剂与增强器。2017上半年，我国高技术产业同比增长 13.1%，高于整体经济增速。工业机器人、民用无人机、城市轨道车辆、SUV、新能源汽车、集成电路、锂离子电池、太阳能电池等新兴工业产品快速增长，正成为经济运行中最活跃的因素。

此外，创新还能够促进对传统产业的改造。我国的发展数据表明，传统产业的改造和振兴已越来越依赖于技术创新的应用和扩散，突出表现在三个方面：一是采用最新科技，与信息化融合，例如智能机械在传统制造业中的广泛应用，电子信息技术在传统服务业中的应用等；二是向节能环保的绿色产业转型；三是进入新兴产业的产业链。创新使许多夕阳产业一跃成为朝阳产业，新技术、新工艺在传统产业中的广泛应用，不但更新了产品的设计，提高了产品的附加值，而且从效率入手，节约资源，降低劳动生产成本，提高劳动生产率，创造了较高的直接经济效益。

创新能力关系着一个国家产业的进步与发展，而产业的竞争力又决定了国家的竞争力。从全球来看，随着新一轮技术革命和产业变革兴起，世界各国纷纷实施"创新战略"和"制造业回归战略"。如美国制定"2015 创新战略"，德国大力实施"工业 4.0"与"欧盟地平线 2020"等，都旨在加强本国技术创新，力争在高新技术领域取得突破，抢占行业新的制高点。在这种浪潮的冲击下，中国只有把握新科技革命和产业革命的机遇，"以创新作为引领发展的第一动力"，才能在国际竞争中立于不败之地。

（二）劳模是产业创新的主力军

科技创新是产业发展的基础与原动力，人力资本则是创新的源泉，优秀的人力资本不但是科学研究与技术发明的主导力量，而且是将科学技术转化为现实生产力的实践者和操作者，在产业进步的过程中，不但需要一流的科学家，也需要一流的创新型技术工人，他们的数量、质量、积极性是保持产业竞争力、实现产业健康发展的关键。

劳动模范是优秀的劳动者，是先进生产力的代表，更是产业创新的主力军。例如 2010—2014 年度上海市劳动模范评选，在评选的条件上特别强调了入选者应是在科技创新中作出突出贡献的劳动者，在推进产业结构调整，在培育新产业、新业态、新技术和新模式，改造提升基础和传统产业方面作出突出贡献的劳动者，尤其在评选人员的比例上规定了一线职工和专业技术人员应占总数的55%以上。可以说，伴随着现代产业的发展，创新是新时代劳模最为突出的表征，大批创新型劳模的涌现大力推动了我国的技术创新和产业的进步。例如全国著名劳模、首届“上海工匠”获得者、上海大众汽车有限公司发动机厂维修部高级经理徐小平在近四十年的从业经历中，勤于学习、勇于创新，在他的带领下，徐小平团队完成各类技术革新项目185项，为企业累计创造直接经济效益1.35亿元；累计申报各项发明及实用新型专利21项，其中“静压支承次级压力全方位监控技术”获得国际专利，徐小平自主发明的“激光可视对焦技术”替代了危险、繁复的激光间接调整技术，跻身该领域领先水平，徐小平创新工作室的“电子主轴的自主修理”突破国外技术封锁，填补国内技术空白，为实现设备的自主维修赢得主动。

劳模之所以成长为产业创新的主力军，是因为劳模处在产业第一线，他们熟悉生产过程，对其中的难点和问题有着最直接、最及时的感受和发现，而破解这些难点和问题的过程中，恰恰蕴含着很多的创新机会。劳模包起帆就曾谈到，他创新的初衷就是他亲眼目睹了3名工人兄弟死于木材装卸，而3个人的年龄加起来还不到80岁。朴素的工人兄弟间的情感使包起帆决心要靠自己的科学文化知识把工人兄弟的生命从虎口中夺回来。那时候的包起帆对抓斗一窍不通，但经过将近三年的艰难攻关，终于通过技术革新在码头上形成了一套完整的木材抓斗装卸工艺系统。从此以后再也不需要一个工人下船舱用人力去捆扎木材了，因此再也没发生过一起重大伤亡事故，同时装卸效率也提高了2.67倍。木材抓斗初战告捷后，他又把目光瞄准了“铁老虎”，那时用人力在船上搬生铁、卸废钢，工人常常累得爬不上船舱，为了从根本上改变这种状况，包起帆又发明了“单索生铁抓斗”“异步启闭废钢块料抓斗”“新型液压抓斗”等等。他的这些创新和发明都是紧紧围绕着码头装卸生产第一线的薄弱环节进行的，哪里不安全，哪里效率低，哪里成本高，他和他的同事们就在哪里动脑筋、搞创新。包起帆曾说：“创新好比种树，而我只种能结果的树，一个好的创新项目，必须是生产实践急需的。”“种树要有土壤，我种树的土壤就是我的码头，就是我的岗位。有岗位就会有机遇，爱岗位就会发现机遇。”劳模立足本职岗位的创新发明，由于针对生产实际，直接面对市场的挑战和需求，便于获得企业的支持和激励，来自产业第一线的技术创新更容易将成果转化为现实生产力。市场是检验技术创新成败的最终标准，创新成果投入市场，产生经济效益，才最终实现了技术创新。例如上海神舟汽车节能环保有限公司年轻技师胡振球，从一个不懂技术的外来打工者，成长为技术能手、创新能手，10 年来在生产一线共完成技术革新 50 多项、技术攻关 10 多项、各种发明专利 14 项。2012 年 9 月，在第七届国际发明展览会上，他的清扫车吸尘口避让装置荣获“金奖”，他发明的纯吸式道路清扫车是该公司自主研发的拳头产品，每台车售价 60 多万元，并首创“卸料抑尘装置”技术，获得国家发明专利，解决了困扰世界的环卫行业二次扬尘问题。他先后被评为上海市十大工人发明家、全国劳动模范，2016 年，他还被选树为首批上海工匠，获得上海市科技进步奖三等奖。几年来，胡振球通过技术革新为企业带来直接效益 2 500 多万元。

劳模的技术创新不但给企业自身带来可观的利润，而且会使众多相关竞争企业形成创新浪潮，企业作为构成产业的“细胞分子”，技术创新首先作用于企业，开展技术创新的企业会形成产品、成本、市场等优势，成为先发企业，从而促进产业内其他企业不断创新，进而推动整个产业向前发展，因此劳模是我国产业创新的主导力量。

三、劳模在产业传承中的纽带功能

（一）技术传承是产业发展的基础

科技进步是产业发展的内在驱动力，而科学技术的进步是一个长期累积并增长的过程，这个过程和技术传承密切相关。技术传承是指社会上的某一群体利用一定的方法、工具和手段，对人类利用和改造事物的物质手段、精神手段和信息手段进行由上而下的更替与继承，传给后代或徒弟的一个动态过程。

创新发明和人力资本的提高是科技进步的两种主要表现方式：前者体现为产业中的新产品、新工具不断发明，我们称之为“物化技术创新”，其传承主要依靠“物”；后者则体现为劳动者技艺的不断提高，我们称之为“人力资本增进型技术创新”，其传承主要依靠“人”。如何激励人的积极性，把技术传承下去是留住绝技绝活的重要手段，也是新技艺扩散的有效途径。尤其是在我国产业转型升级的背景下，没有一流的技能人才，就没有一流的产品，更没有一流的产业。近些年随着高技能人才队伍“老龄化”现象日益严重，制造业和加工业的许多技术绝技、绝活正在消失，“瓶颈”问题尤为突出。企业不断出现的“技工荒”折射出生产一线高技能人才的严重匮乏，因此《国家中长期人才发展规划纲要》明确提出我国要“建立高技能人才绝技绝活代际传承机制”，技术传承机制是产业持续发展和不断进步的根基。

（二）劳模是产业技术的薪火传承者

劳动模范立足本职岗位，不断研发革新，同时，也通过技术传承让更多的劳动者掌握他们在实践中凝练的职业技能与方法，不但扩大了企业的生产力，并且加速了普通工人向一流技能人才的转变，为产业的发展打造了一支高技能的劳动大军。可以说，劳模是产业技术的薪火传承者。

在产业发展过程中，一个劳动组织或者团队中的个体行为、工作方法、服务技巧会影响到其他人，如果这种影响是有利的，就会提升整个团队和组织的工作效率。因此，劳模在自己岗位上取得的创新成果，摸索总结的经验，将其固化下来，并将其模式化和标准化，然后通过一定的渠道和方式推广传承下去，就会成为新的作业标准。而这种标准的可贵之处在于，当前产业的大发展使生产力发生了巨大变革，生产关系因此也要不断调整，这就要求生产组织和工作流程也要适应新变化，而这方面没有现成的经验可以遵循，需要在实践中不断积累。劳模在生产一线中提炼出的经验和工作方法正是能够满足这一要求的实践总结。许多劳模的岗位经验、工作方法最后都发展为岗位作业标准，对产业的发展，对技术的进步与传承起到了巨大的推动作用。

伴随着现代产业的发展，劳动模范在传承职业技术的过程中，也在不断地创新着产业技术传承的各种方式，为职业技术传承机制的建立提供了有效的探索与支持。劳模在产业技术传承中运用的传承方式归纳起来主要有师徒传承、学校教育传承、大师工作室传承等。师徒传承在我国古已有之，这种传承的优势在于师傅与徒弟的亲密关系非常有利于技艺的传授和因材施教，并且能使师傅的风格和精髓得以承袭。如今，师徒传承依然是劳动模范在进行技术传承的过程中运用最广泛的方式。例如全国劳模、上海第一百货公司的营业员马桂宁，为了把自己在实践中创造的“马派技艺”传承下去，先后收徒564人。上海航空的全国劳模吴尔愉与乘务员签约建立师徒关系，实行师徒捆绑式机上带教，通过一对一的师徒带教，一批“小吴尔愉”在行业中迅速成长起来。师徒传承的特点在于总是要通过手把手、面对面的形式传播技术，这既是优势但同时又是弱势，因为这种形式使现代产业技术扩散的速度和广度受到了一定程度的制约，因此，劳模学校的建立和大批劳模工作室的涌现成为现代产业中传承职业技术的另外两个重要途径。例如上海电气以劳模李斌为依托成立了李斌技师学院，其开设的“数控机床工”是上海市劳动和社会保障局批准的“特色专业”，自2004年到现在已开设培训班200多期，培养技能人才1万多人。上海电气还举办了“李斌杯”技能大赛，评选“李斌式”职工，建立了包括李斌数控技术工作室在内的数个劳模工作室，这些工作室除劳模挂帅外，也调集其他技能人才参与，通过资源整合与共享，劳模工作室不但成为企业团队学习实践地、科技创新孵化地，更成为提高一线员工技能水平的有力平台，也使劳模技能得到了更加有效的传承。

四、劳模对现代企业文化的塑造功能

（一）企业文化的内涵与作用

企业文化是指企业在长期生产经营过程中，经过企业领导者长期倡导，并为企业全体员工所共同接受、认同的一套完整的价值体系，包括价值观念、道德规范、行为准则、经营风格、管理特色、工作模式等。其中企业精神和企业的价值观是企业文化的核心。

现代产业的发展趋势让人们认识到，“一流企业做文化，二流企业做人才，三流企业做产品”。首先，企业文化为企业经营管理指明了方向与目标，也为企业经营管理策略的制定奠定了基础。其次，企业文化对企业职工形成内在的道德约束。企业文化本身即是企业在长期经营过程中形成的、全员达成共识的一种行为准则和道德规范。它会潜移默化地渗透到员工的思想与行为中，使员工的自觉性和自我约束力增强。再次，优秀的企业文化能够营造出团结互助、携手共赢的氛围和和谐的人际环境，使员工对企业产生强烈的归属感与信赖感，能极大地调动企业员工的积极性。最后，企业文化对内反映了企业经营管理的理念，对外则代表着企业的外部形象，它是企业的标识，优秀的企业文化是企业的无形资产，是企业在市场中增强竞争优势的强大软实力。

（二）劳模是优秀企业文化的重要塑造者

劳模不但是企业先进生产力的代表，同时还是企业先进文化的杰出代表。劳模身上所承载的“爱岗敬业、争创一流，艰苦奋斗、勇于创新，淡泊名利、甘于奉献”是现代企业精神与价值观的彰显。劳模是培育和弘扬优秀企业文化的典型标杆。劳模的一言一行是围绕企业文化有意识的实践活动的集中展示，特别是大多数劳模都身处产业第一线，对企业的员工而言，他们就是身边的榜样，看得见，摸得着，不但可敬可信而且可学能学。劳模让企业文化所倡导的价值取向更加具体和形象，更容易让企业员工感知和接纳，会使员工明白无误地了解企业在倡导什么、推崇什么、坚持什么，摒弃什么。劳模的典型示范，会增加员工对企业文化的认同度，并逐渐在劳模的激励下把企业价值观内化为员工个人的价值观。而且劳模是承载企业文化的领军人物，是推动企业文化不断丰富发展的排头兵，具有强大的感召力和凝聚力。比如在很多企业的基层单位，特别是班组、工作室，会用劳模的名字命名整个团队，称之为“某某班组”“某某工作室”，实际上就是借用被命名者的“吸附力”，把大家凝聚在一起共同去实现价值目标。一个劳模会引燃整个群体，会带动更多的员工，并在企业中形成一种良好的“比、学、赶、帮、超”的实践氛围。例如号称“微笑大使”的“80后”劳模熊熊不但是上海地铁的一面旗帜，也是带动地铁青年员工积极奋进的火车头，以熊熊名字命名的劳模工作室——“熊熊‘3D服务’创新工作室”汇集了上海地铁轨交1、5、9、10号线上的优秀青年员工，青年员工的创新服务举措不断涌现，工作室推出了票卡导购服务、多语种服务、无障碍绿色通道服务等多种特色服务。企业文化是企业持续发展的强大内在动力，劳模是优秀特色企业文化的重要塑造者，因此积极发挥好劳模在企业文化建设中的功能对企业的持续发展起着至关重要的作用。

第三节 现代产业发展中劳模价值的评判标准

一、现代产业发展中劳模构成的特点

（一）现代产业发展中劳模构成的多样化

自 1950 年第一批全国劳模诞生至今，劳模这一独具中国特色的社会荣誉，伴随着新中国的发展进步，影响了几代人的人生追求。多年来，劳模的队伍在不断壮大，劳模的构成也随着社会的发展呈现出多样化的特点。工人阶级、农民阶级、新社会阶层的成员都成为劳模的来源，劳模队伍结构的不断更新是时代进步的要求与体现。从 20 世纪 50 年代以来，国务院先后召开过十几次大规模的劳模表彰会。1989 年以后，全国劳模的评选表彰工作逐渐向规范化方向发展，基本每五年举办一次，每次评选表彰 3 000 人左右，由国务院授予全国劳动模范或全国先进工作者称号。在这数度评选中，2005 年的全国劳模评选工作，可以说最具里程碑式的意义，这次评选开创了三个“第一次”：第一次将私营企业主纳入评选范围，33 位民营企业家首次入选全国劳动模范；第一次将进城务工人员纳入评选范围；第一次在媒体上对劳模人选进行公示。在 3 000 多位劳模中，1 955 人具有大专以上学历，占总数的 65.67%，其中 1 156 人具有中级以上职称，21 人为中科院或工程院院士。知识型、科技型、创新型劳模成为新时期劳模队伍的主体。时至今日，劳模的构成不仅包括一线工人、农民工、高级技工、专家学者、公务员，也不乏企业管理者、民营企业家、体育明星、娱乐明星、在华外国人等。

（二）现代产业发展中劳动内涵和外延的变化

中国劳模队伍构成的这种深层次意义上的变化是与现代产业发展对劳动内涵和外延的深化密切联系在一起的。马克思曾提出，劳动是创造价值

的唯一源泉，由于生产力的落后，我国很长时间内把生产劳动主要界定为体力劳动。随着传统产业步入现代产业，知识、科技在经济生活中发挥的作用越来越大，原来以物质资本为基础的社会逐步转为以物质资本和人力资本共同为基础的社会。这种转化导致了劳动特点的一些新变化：劳动的内容快速向服务领域渗透；劳动的复杂程度越来越高；劳动的支出形式由体力劳动为主转向脑力劳动为主。因此，创造价值的劳动范围扩大了，创造价值的劳动形式多样了，劳动的内涵和外延随之发生变化，对劳动创造价值的认识也在逐步深化，主要表现在三个方面。

一是对科技劳动的深化。现代产业的发展使得产业结构不断更新换代，出现了不少新兴经济形式，第一、第二产业中知识技术含量不断增加，科学技术作为第一生产力，智力劳动对经济增长的作用越来越大，科学技术研究成为效率最高的创造价值的劳动。二是对管理劳动认识的深化。在新的历史时期，管理劳动已经成为经济活动中主要的劳动形式之一。随着社会分工越来越细化，不断有大量的人分离出来专门从事管理工作，管理劳动在价值创造中的作用也日益增强。三是对服务劳动认识的深化。马克思认为，创造价值的劳动主要是“直接生产过程的劳动”，而把第三产业的许多劳动排除在价值创造之外。当前，随着产业结构的不断升级，第三产业在现代国民经济中占比越来越大，这是与马克思时代截然不同的一个新情况。新的社会现实迫使我们重新审视生产劳动的内涵，第三产业的劳动同样是能够创造价值的生产劳动。只不过有的是直接创造价值的劳动（如流通领域的运输、包装、保管等），有的是间接创造价值的劳动（如科技、管理等），还有的是生产知识的劳动（如教育、文化、科学研究等）。同时，这些非物质生产部门的劳动对经济的推动作用日益显著。在西方发达国家，第三产业的劳动已占总劳动的70%左右，第三产业对GDP的贡献率，发达国家已达70%以上，我国也已超50%，一些著名经济学家公认第三产业的劳动绝大部分是生产性劳动，并承认其不仅创造价值，而且能比直接的物质生产部门（农业部门、工业部门）的劳动创造出更多的价值。

今天的劳动和上世纪五六十年代的劳动有着一定区别。我们不能狭义理解劳动的概念，只要是通过自身劳动为社会创造价值的，就应该纳入表彰范围。在社会主义初级阶段，凡是从事社会主义商品生产经营、推动我国生产力发展的活动以及其他有利于中国特色社会主义建设事业的活动都是劳动，从事这样一些活动的人员都是中国特色社会主义事业的建设者，也都是社会主义劳动者。随着对劳动认识的深化及劳动者概念的不断丰富，劳模的来源范围日益扩大，这使劳模这一光荣称号具有了更广泛的感召力，并进一步激发了各行各业劳动者投身社会主义现代化建设的积极性。

二、现代产业发展中劳模评判标准的时代性

（一）劳模形象的时代剪影

每一个时期的劳模都具有不同的内容和特点。翻开历代劳模手册，我们可以追寻出一条鲜明的时代轨迹：

20 世纪 50 年代是激情燃烧的年代。刚诞生的共和国百废待兴，在十里厂区捡回上万个零部件办“孟泰仓库”的鞍钢工人孟泰，“工作无贵贱，行业无尊卑；宁愿一人脏，换来万人洁”的掏粪工人时传祥……这些劳模以任劳任怨、艰苦奋斗、勤俭节约的“老黄牛”精神，带动了整整一代人为共和国奠基。

20 世纪 60 年代是共和国最艰苦的年代。面对天灾人祸，“宁可少活 20 年，也要拿下大油田”的“铁人”王进喜在设备短缺的情况下，带领同伴以惊人的毅力将沉重的设备运到工地，在严冬季节井喷事故发生时带头跳进井中，用身体搅拌泥浆压井喷，因此被誉为“铁人”；在贫瘠的虎头山带领大伙“人定胜天”的“铁姑娘”郭凤莲，以“自力更生、奋发图强”的铁人精神，为全国人民树立了榜样。

1978 年全国科技大会的召开，迎来了科学的春天。邓小平在会上提出，“现代化的关键是科学技术现代化”“科学技术是生产力”“知识分子是工人阶级的一部分”。一大批科技战线的先进人物加入到劳动模范队伍中：在光学领域作出重大贡献的蒋筑英，对国家作出重大贡献的两弹元勋邓稼先……他们以“淡泊名利，献身科学“的精神，激发了全民族以科学报国的巨大热情。

90 年代，随着改革开放的深入，搞好经济建设成为中国的头等大事。在

这个时代，登上劳模领奖台的既有联想集团总裁柳传志、海尔集团总裁张瑞敏，也有公交车售票员李素丽、水电修理工徐虎这样在平凡岗位上作出不平凡成绩的普通劳动者，他们以“求真务实，拼搏进取”的精神，唱响了时代的最强音。

21世纪，我们迎来多元化的新世纪。当今时代，随着社会主义市场经济的日益推进，无论是技术知识还是价值取向乃至思想观念等都在发生日新月异的变化。劳模队伍的构成更是日益多元化，这里既有知识型、技能型的金牌工人许振超、包起帆；有农民工出身的“打工妹”朱雪芹；也有被福布斯杂志评选为大陆富豪的私营企业主刘永好。上海还首次将“荣登”中国福布斯慈善家榜的首位私营企业主陈伟峰评为劳模，他成为首位依靠兴办慈善事业而入选的劳模代表。2005年，奥运冠军刘翔和曾效力于美国休斯敦火箭队的姚明双双登上劳模榜。2010年，北京把日本专家岸明推选为北京市首个外籍市级劳模。

（二）现代产业发展中劳模评判标准的与时俱进

每个时代的劳模都呈现出鲜明的时代特点，简洁而深刻地展示着时代的变迁。劳模的评判标准也在伴随着时代的发展和产业的进步而发生着巨大的变化。例如，2005年上海市总工会把效力于美国NBA休斯敦火箭队的“小巨人”姚明作为全国劳模的推荐人选时，引起了极大的关注与争议。反对者认为，姚明是凭借个人天赋获得成功的年收入上千万美元的体育明星，而且他在美国工作，这与人们心目中平凡的劳动者的形象相去甚远，因此不宜当选全国劳模。支持者则认为，在NBA打球的姚明不仅扮演了一个球员的角色，还是传播中国文化的使者，向整个世界展示着中国人的天赋、努力、进取及对自己国家的热爱，姚明虽然身在NBA，但对中国体育事业的贡献巨大。后来当选为全国劳模的姚明对此感慨万千：“以前觉得劳模是奖励那些忘我工作、不计报酬的普通劳动者，如今劳模在奖励普通劳动者的同时，还奖励我这样特殊的‘打工仔’，这是时代发展的结果。”的确，姚明当选全国劳模恰恰体现了劳模评判标准的与时俱进。从“铁人精神”到“振超效率”，从“埋头苦干”到“创新劳动”，劳模的评判标准已从传统意义上的“出大力，流大汗”“苦干加实干”，向“知识型、技术型、创新型”，并能为国家、民族创造“社会效益、经济效益”的方向转变。劳模的产生最初与是与劳动竞赛和计划生产联系在一起的，看重的是超额或提前完成计划指标，“加班加点、不计报酬、拼命苦干的老黄牛”是过去公众对劳模的普遍评判标准，但是随着社会的发展，人们的思想价值观念发生了巨大的变化，从强调个人利益必然有损于集体利益到今天个人利益与社会利益的统一，以及对个人利益的肯定都反映了时代的进步。社会发展的核心是以人为本，而且《劳动法》的实施，从法律的角度也否定了无限度的加班加点。因此“无私奉献”已经不再是衡量劳模的关键指标，鼓励先进劳动者的制度应该与社会发展相适应。“创新型”劳模和私营企业主劳模以及农民工劳模的出现体现出今天的社会把“对事业有突出贡献”作为评判劳模的首要标准。例如，私营企业家和农民工分别代表着中国今天日益壮大的非公有制经济和1亿多进城务工人员。我国的非公经济不但对国家GDP的贡献超过了半壁江山，更是解决了国民就业的80%。而进城务工人员当选劳模，代表着全中国1.4亿进城务工的农民工作为产业工人的重要组成部分已被社会高度肯定。

三、现代产业发展中劳模评判标准的先进性

劳模是推进我国先进生产力发展和先进文化发展的代表，劳模的评判标准不但有鲜明的时代性，而且展示出极强的先进性。现代产业发展中，劳模评判标准的先进性体现在劳模评判标准始终彰显了“四个尊重”：尊重劳动、尊重知识、尊重人才、尊重创造。

（一）尊重劳动

劳动的主体是劳动者。尊重劳动就是尊重劳动者，反之，尊重劳动者就是对劳动的尊重。劳模评判标准的先进性首先体现了对劳动的尊重。什么是劳动？劳动是指人们使用劳动资料，改变劳动对象，使之适合自己需要的有目的的活动。历史唯物主义认为，劳动创造了世界，劳动创造了人类自身，劳动创造了一切价值，劳动是人类文明进步的唯一源泉。劳动对于整个人类来说，是在自然面前获得更多自由的唯一可以依靠的手段。马克思曾

说:"任何一个民族,如果停止劳动,不用说一年,就是几个星期,也要灭亡。"劳动对于人类的价值是不言而喻的。劳动光荣、劳动体面、劳动伟大是人类社会的普遍认知。例如五一国际劳动节就是世界上80多个国家的全国性节日。美国劳工联合会(AFL)创始人塞缪尔·冈珀斯(Samuel Gompers)曾这样说:"劳动节和其他节日有本质区别。其他节日或多或少都与人们为了战胜其他人,为了获取权力,以及国家为了战胜其他国家赢得荣誉有关。劳动节则是所有人的节日,无论生死、派别、民族或国家。"[①]

中华民族自古以来就是崇尚劳动的民族,正如习近平总书记在庆祝"五一"国际劳动节的讲话中所说:"中华民族是勤于劳动、善于创造的民族。正是因为劳动创造,我们拥有了历史的辉煌;也正是因为劳动创造,我们拥有了今天的成就。"[②]他强调:"幸福不会从天而降,梦想不会自动成真……我们说'空谈误国,实干兴邦',实干首先就要脚踏实地劳动。"[③]无论当今时代科学技术如何飞跃,知识经济如何凸显,生产要素如何组合,都只是劳动形式、劳动对象、劳动内涵的现代演变,都不能改变马克思主义关于人类依靠生产劳动、劳动创造价值的基本观。中国是世界上人口最多的国家,有着劳动力资源的巨大优势,激发劳动者的创造性、释放劳动者的潜能是实现中国梦的根本力量。如习总书记所讲:"劳动是财富的源泉,也是幸福的源泉。人世间的美好梦想,只有通过诚实劳动才能实现;发展中的各种难题,只有通过诚实劳动才能破解;生命里的一切辉煌,只有通过诚实劳动才能铸就。"[③]十九大报告更是鲜明地指出:"要在全社会弘扬劳模精神和工匠精神,营造劳动光荣的社会风尚和精益求精的敬业风气。"

(二)尊重知识

劳模评判标准的先进性体现了对知识的尊重。所谓"知识",是指人们

---

① 张旭:《美国人怎么过劳动节》,《小康》2011年第5期。

② 习近平在庆祝"五一"国际劳动节大会上的讲话(2015年4月28日),参见 http://www.xinhuanet.com/politics/2015－04/28/c_1115120734.htm

③ 习近平在同全国劳动模范代表座谈时的讲话(2013年4月28日),参见 http://www.gov.cn/ldhd/2013－04/28/content_2393150.htm? isappinstalled＝1

在改造世界的实践中所获得的认识和经验的总和。英国著名的唯物主义哲学家弗兰西斯·培根在《论物主》一文中写下了传世名言:"Knowledge is power(知识就是力量)。"在人类改造世界、实现理想的每一个实践环节中,知识为人们提供了关键现实力量的支撑,例如人们发现了电磁感应,便产生了电灯,人们发现了万有引力定律,才有了遨游太空的嫦娥一号……人类借助科学知识的积淀和技术工具的不断更新,使自身的本质力量得到不断的展现和拓展。21世纪,人类社会的发展进入了一个崭新的时代——知识经济时代。所谓"知识经济",是一个以智力资源的占有、配置,以知识生产、分配和使用(消费)为最重要因素的经济。在知识经济时代,人类赖以创造财富的资源主要是知识,这种资源与物质经济时代所依赖的主要自然资源相比,不是处在递减状态,而是层出不穷。知识是科学技术的源泉,只有当人们获得一定的知识储备时才能将之投入到实践研发的过程中去,从而促进科学技术的发展。科学技术是第一生产力。科学知识与技术的生产与创新已经成为促进各个国家发展的战略性资源和提升国际竞争力的核心要素。谁拥有知识谁就成为强者,知识的重要性更加引人瞩目。如今大批知识型、技能型、创新型劳动模范的涌现恰恰体现了我国现代产业发展背景下对科学知识与技术的崇尚与尊重。

(三)尊重人才

劳模评判标准的先进性体现了对人才的尊重。何谓人才?人才指的是在人类利用自然和改造自然的实践中,所有能够为人类自身发展作出积极贡献的人。人才是知识资源的载体,是创造性劳动的主体,人才对社会的进步、经济的繁荣和科技的创新起着关键作用。当今世界,随着知识经济时代的到来,人才已成为国家发展战略资源的第一资源,以美国为例,美国在第二次世界大战之后所取得的领先世界的高科技成果,从原子弹、氢弹到计算机的诞生和应用,所有项目都与爱因斯坦、冯·诺依曼等顶尖人才移民美国密不可分。时至今日,在美国的高科技中心硅谷,外国移民参与创办的公司占全部高科技公司的52.4%,正是因为聚集了全世界最多的优秀人才,美国才能站在世界之巅,成为超级大国。美国学者杜拉克曾说过:"知识社会是流动的社会，人们不再有根。”在全球化不断深入的今天，人才的流动与竞争更是加剧。正如习近平总书记所讲：“综合国力竞争说到底是人才竞争。人才资源作为经济社会发展第一资源的特征和作用更加明显，人才竞争已经成为综合国力竞争的核心。谁能培养和吸引更多优秀人才，谁就能在竞争中占据优势。”[①]以我国为例，为了在新一轮科技革命和产业变革的浪潮中抓住先机，从2008年12月开始，重点围绕国家发展战略目标，在中央和地方分层次、有计划地引进了一批能够突破关键技术、发展高新技术产业、带动新兴学科的战略科学家、科技创新创业领军人才和青年人才。时至今日，通过“千人计划”等人才引进政策，吸引了许多高科技人才，包括在细胞凋亡研究中全球领先的施一公、因拓扑绝缘理论享誉世界的张首晟、研发出我国首个拥有自主知识产权靶向抗癌药的丁列明，以及研发全球首颗量子科学实验卫星“墨子号”的首席科学家潘建伟……新一轮大批人才的到来引领中国在多个科研领域跻身世界前列。

人才是实现民族振兴、赢得国际竞争主动权的战略资源。党的十九大报告指出：“加快建设人才强国。实行更加积极、更加开放、更加有效的人才政策，以识才的慧眼、爱才的诚意、用才的胆识、容才的雅量、聚才的良方，把党内和党外、国内和国外各方面优秀人才集聚到党和人民的伟大奋斗中来，鼓励引导人才向边远贫困地区、边疆民族地区、革命老区和基层一线流动，努力形成人人渴望成才、人人努力成才、人人皆可成才、人人尽展其才的良好局面，让各类人才的创造活力竞相迸发、聪明才智充分涌流。”这些表述不但彰显了国家对各类人才的高度重视，也反映了国家在加快人才建设的布局。劳动模范的评选制度本身就是国家人才战略的布局之一，劳模是奋斗在社会主义现代化建设的各条战线上的精英人才，无论是科学家袁隆平还是技术工人李斌、胡双钱，都是引领国家发展和产业进步的领跑者。对新时代劳动模范的选树与表彰，恰恰体现出对人才的尊重。

---

① 习近平：《在欧美同学会成立一百周年庆祝大会上的讲话》(2013年10月21日)，参见 http://www.chinanews.com/gn/2016/03－03/7782297.shtml

（四）尊重创造

劳模评判标准的先进性体现了对创造的尊重。尊重创造实质就是尊重创新。创新理论是美籍奥地利经济学家熊彼特在20世纪初出版的《经济发展理论》一书中首先提出的，他第一次将创新视为现代经济发展的核心动力。进入21世纪后，在滚滚而来的科技革命浪潮的席卷下，世界各国都把创新视作国家竞争力的核心所在。从全球来看，随着新一轮技术革命和产业变革的兴起，世界各国都加强了本国的技术创新，力争在高新技术领域取得突破，抢占行业新的制高点。以我国为例，近几年来，中国深入实施创新驱动发展战略，在“大众创业、万众创新”“互联网＋”等政策的引导下，一大批具有世界前沿水平的科技成果不断涌现：神舟十一号和天宫二号发射成功，“中国天眼”建成，达到世界先进水平的中国标准动车组“复兴号”亮相，“神威·太湖之光”超级计算机蝉联世界超算冠军，等等。在2016年G20杭州峰会上，习近平主席巧妙地运用“创新是从根本上打开增长之锁的钥匙”这个比喻，道出了创新在中国和世界发展中的作用和地位。联合国将中国创新发展理念和实践模式写入决议，成为破解当前世界经济发展困境的“中国方案”之一。一系列的举措与成就都证明了中国政府对创新战略的重视。党的十九大报告更是将创新位列新发展理念之首，十九大报告50余次提到创新，尤其强调创新是引领发展的第一动力，是建设现代化经济体系的战略支撑。习总书记曾说：“创新是一个民族进步的灵魂，是一个国家兴旺发达的不竭动力，也是中华民族最深沉的民族禀赋。”在我国实行了几十年的各级劳模评选制度恰恰是对中国劳动者创造力的最佳褒奖，从创造了“三尖七刃麻花钻”闻名遐迩的老劳模倪志福，到发明了140多种新型抓斗的“抓斗大王”包起帆，大批创新型劳模不断涌现，彰显了我国社会对创造的尊重与弘扬。

第四章
超凡名片——社会主义文化建设中的劳模品牌

第一节　社会主义文化建设中的劳模文化

一、社会主义文化建设的主要特征

文化是一个内涵复杂丰富的概念。何谓文化？有统计认为，目前世界各国政府及学者关于文化的定义至少有200多种。总结概括下来，文化的定义有广义和狭义之分。广义的文化是指人类在社会历史发展中所创造的一切物质财富和精神财富的总和。狭义的文化则特指人类社会发展中所创造的一切精神财富的总和，包括历史文明、风土人情、生产生活方式、文学艺术、价值观念、思想理论、科学技术、制度体系、宗教信仰、道德价值、人文教育等[①]。

纵观党的历史，我们可以看到，中国共产党始终把文化建设作为重要任务。习近平总书记在十九大报告中明确指出："中国共产党从成立之日起，既是中国先进文化的积极引领者和践行者，又是中华优秀传统文化的忠实传承者和弘扬者。当代中国共产党人和中国人民应该而且一定能够担负起新的文化使命，在实践创造中进行文化创造，在历史进步中实现文化进步！""文化是一个国家、一个民族的灵魂。文化兴国运兴，文化强民族强。"人类

① 张书林：《文化建设科学化：内涵、困境与路向》，《中共南京市委党校学报》2011第6期。

社会的发展史既是人类繁衍生命、创造财富的物质文明史，更是人类积累文化、传承文明的精神文明史。在当今世界，文化更加成为一个民族凝聚力和创造力的重要源泉，成为综合国力竞争的重要因素和经济社会发展的重要支撑。一个真正的大国，不能仅靠给世界贡献多少 GDP 就立于不败之地，还必须在文化上、在人类的价值观上，拥有影响和引导这个世界的文化力量。2013 年 12 月，习近平总书记在中央政治局第十二次集体学习时指出，提高国家文化软实力，关系我国在世界文化格局中的定位，关系我国国际地位和国际影响力，关系“两个一百年”奋斗目标和中华民族伟大复兴中国梦的实现①。因此，深化我国文化体制改革，在尊重世界文化发展多样性的同时，增强我国文化软实力，有效应对全球发展面临的挑战，满足人们日益增长的文化需求，建设中华民族共有精神家园，已经成为我国现代化建设必须解决的重大战略问题。

鞋子合不合适，脚知道。社会主义的文化建设根植于我们正在进行的社会主义现代化的实践中，有着一些基本的特征。

（一）自觉性

社会主义文化建设的一个主要特征是自觉性。文化的出现与发展是一个自发的客观过程，而文化建设就是要把这个自发过程变成自觉过程，使之更加繁荣、更加完善。社会主义文化建设的自觉性主要是指，为适应社会主义现代化建设而创造出各种精神产品，或者对原有的精神产品进行一定程度的继承与创新。有人的地方就有文化。正如每个人都有自己的物质生活一样，人人都有自己的文化生活，没有人不参与文化活动。文化活动是全民族的活动。它不仅包括高雅艰深的文学、艺术、科学、理论的创作、发展、欣赏、阅读，而且包括通俗大众的丰富多彩的文化活动的制作、发布、参与、享受。因此，我们每一个人都应该是文化活动自觉的参与者和建设者。

在参与和建设社会主义文化的过程中，有些问题应该得到足够的重视。

① 习近平在中央政治局第十二次集体学习时的讲话（2013 年 12 月 30 日），参见：《聚焦“两学一做”》，台海出版社，2016 年版，第 197 页。

那就是文化的自觉引导。人有多样。有人爱阳春白雪，有人喜下里巴人。作为一种个人的爱好，原本无可厚非，但作为一种社会的文化观念，却应予以足够的重视。例如网络游戏。青少年对此颇感兴趣，如果引导得当，不失为一种有益无害的智力游戏，但如果沉溺其中，耗时废学，将为害不小，再加上色情、血腥、迷信等内容，对青少年身心的摧残将无法想象。因此在社会主义文化建设中，必须加强文化引导的自觉性，在帮助人们区分真善美和假恶丑方面，发挥积极作用。文化自觉本质上是对文化价值的觉悟觉醒，提升文化自觉需要我们有对文化意义、文化地位、文化作用的深度认同，对文化建设、文化发展、文化进步的责任担当。在全球化深入发展的当今世界，特别是在西方发达国家企图用西方思想文化“一统天下”的背景下，一个拥有五千年文明和十四亿人口的东方大国，如果不能坚守中华民族的优秀传统文化，不能构建以社会主义核心价值体系为根本的当代先进文化，不能形成以文化事业文化产业快速发展为基础的文化软实力，建设富强民主文明和谐的社会主义现代化国家、实现中华民族伟大复兴只能成为一句空话。这样的认识，对每个人来说都应当是一种“自意识”而不是“被认同”，并且是对文化本真意义和内在含义的深刻认识、深度认同，这才是我们所讲的高度文化自觉①。党的十八大以来，习近平总书记多次提到文化自信。应该说，习近平总书记提出文化自信，是经过扎实的现实和理论思考的，其背后是深刻的文化自觉。文化自觉是文化自信的基础和保障。没有文化自觉，不可能达到文化自信；而没有文化自信，文化自觉则容易堕入虚无。两者是相互依存、相互联系的。“历史和现实都表明，一个抛弃了或者背叛了自己历史文化的民族，不仅不可能发展起来，而且很可能上演一幕幕历史悲剧。”今天，我们要进行伟大斗争、建设伟大工程、推进伟大事业、实现伟大梦想，都离不开文化所激发的精神力量。故而，我们要继承好、发展好、创造好自身的文化，要有高度自觉和自信。文化兴国运兴，文化强民族强。没有高度的文化自信，没有文化的繁荣兴盛，就没有中华民族的伟大复兴。

① 启瑄：《提升文化自觉　增强文化自信　实现文化自强——学习党的十七届六中全会〈决定〉几点体会》，《红旗文稿》，2012 年第 5 期。

（二）外向性

当今世界是一个开放的世界。不仅物质文明建设要对外开放，精神文明建设也要对外开放。任何一个民族都不可能在封闭状态下求得发展。我们的社会主义文化建设必须放眼于世界和未来。海纳百川，有容乃大。只有兼纳百家之精华，融合各种文化之所长，才能更好地促进本国文化的发展。从某种意义上说，从1840年以来，我们更多地在吸收西方文化，通过学习西方，借鉴西方的经验来发展自己，从而取得了举世瞩目的成绩。英国著名哲学家罗素曾说："如果任由中国人从我们西方的文化中取其精华、弃其糟粕，并结合中国传统文化的特点，那么他们将会有系统的发展并取得辉煌的成就。"2005年，温家宝总理在法国巴黎综合理工大学发表了题为"尊重不同文明，共建和谐世界"的演讲。在这篇演讲中，他指出，不同文明之间共存和发展，归根到底在于"和"，并把它阐述为以和为贵、和而不同和和实生物。"以和为贵"就是说国家之间、民族之间、人与人之间要以团结互助、友好相处为最高境界；"和而不同"就是说一个国家、一个民族既能容纳不同的文明，又能保留自己的优秀文明传统；"和实生物"就是说只有不同文明之间相互吸收借鉴，才能文物化新，推进文明的进步。[①] 因此，在我们建设社会主义文化的过程中，也应当一如既往地充分吸收和借鉴世界一切优秀文明成果，使社会主义永葆生机与活力。

由于历史原因，近现代以来，中国在引进外来文化上显示出较强的主动性、自觉性，而在输出文化上则缺乏主动性、自觉性，由此导致文化交流上的"逆差"。为什么美国这样一个只有约200年历史的文化资源小国，却能在文化生产和传播上有那么大的能量和影响，成为世界文化输出的巨无霸，而我们这个拥有5000年以上历史的泱泱大国、曾经引领过世界先进文化的文明古国，在今天却难以占据应有的地位？美国《新闻周刊》曾评选出21世纪以来世界最具文化影响力的一些国家的文化及其形象符号，其中，中国的文化形象符号主要有汉语、北京故宫、长城、苏州园林、孔子、道教等，几乎全部都是传统文化的内容。这对于中国软实力和国家形象的塑造显然是不够的，

① 新华社：温家宝总理在法国巴黎综合理工大学发表重要演讲，2005年12月6日。

现代中国文化的主体形象不能模糊不清。要让全世界逐渐认识到，中国既是传统意义上的文明古国，更是现代意义上的文化大国。这是现代化路途之中，中国必须面对的考题，不仅关涉文化本身，更关涉国家命运与民族前景。这也要求我们要“努力展示中华文化独特魅力”，要“把跨越时空、超越国度、富有永恒魅力、具有当代价值的文化精神弘扬起来，把继承传统优秀文化又弘扬时代精神、立足本国又面向世界的当代中国文化创新成果传播出去”；“要以理服人，以文服人，以德服人，提高对外文化交流水平，完善人文交流机制，创新人文交流方式，综合运用大众传播、群体传播、人际传播等多种方式展示中华文化魅力”[①]；要“推进国际传播能力建设，讲好中国故事，展现真实、立体、全面的中国，提高国家文化软实力”[②]。提高国家文化软实力，不仅关系我国在世界文化格局中的定位，而且关系我国国际地位和国际影响力，关系“两个一百年”奋斗目标和中华民族伟大复兴中国梦的实现。

（三）内向性

建设中国特色社会主义的先进文化，必须以自身所拥有的资源为基础，以实现中华民族的伟大复兴为目标。中华民族在几千年历史中创造和延续的中华优秀传统文化，是中华民族的根和魂。“我们的文化建设不能割断历史”，“我们的民族历经沧桑，创造了人类发展史上灿烂的中华文明，形成了具有强大的生命力的传统文化，我们要很好地继承这一珍贵的文化遗产”。[③] 2013 年，习近平总书记来到了历史文化名城山东曲阜，参观考察孔府、孔子研究院并同专家学者座谈。他强调，中华民族优秀传统文化是中华民族的突出优势，中华民族伟大复兴需要以中华文化发展繁荣为条件，必须大力弘扬中华优秀传统文化[④]。无论是国内活动还是外交场合，习近平都大量引用中国古代的名言警句，用中国古人的智慧给人以启迪，展现出中华优秀文化

① 习近平在在十八届中央政治局第十二次集体学习时的讲话。

② 详见《在中国共产党第十九次全国代表大会上的报告》。

③ 人民日报：江泽民在全国宣传工作会议上的讲话，《人民日报》1994 年 3 月 7 日。

④ 人民网：《习近平系列重要讲话读本：创造中华文化新的辉煌》，参见：http://wenhua. youth. cn/xwjj/xw/201407/t20140710_5493900_2. htm

的独特魅力和深厚底蕴。

传统是一股强大的力量，它是我们走向未来的源头，又为未来的文化注入了民族的印记。传统文化是中华民族内在的灵魂和血脉，是维系国家统一和民族团结的精神纽带，更是中华民族生生不息的不竭动力。中华优秀的文化，曾为世界的进步和发展作出过不朽的贡献。在17和18世纪，“中国风”曾吹遍亚欧。一位法国学者曾这样评价中华民族的传统文化：“在1800年前，中国给予欧洲的比它从欧洲得到的要多得多。”历史是一面镜子，今天的中国是从昨天的中国发展而来的。没有昨天，就没有今日。抛弃传统、丢掉根本，就等于割断了自己的精神命脉。失去了民族文化传统，就如同浮萍没有了根，就如同人失去了灵魂，就如同流浪者失去了家园。我们作为中国人，最根本的是我们有中国人的独特精神世界，有百姓日用而不觉的价值观。中华优秀传统文化已经成为中华民族的基因，植根在中国人内心，潜移默化地影响着中国人的思想方式和行为方式。因此社会主义的文化建设必须高度重视我们民族文化的继承性和延续性，不断地充实和更新有中国特色的社会主义文化。这是我们文化建设的基本立足点。正如江泽民同志所指出的，“植根中国社会主义现代化建设的实践，反映中国人民创造自己新生活的进程和中华民族自强不息的精神，是中国社会主义文艺的立身之本。只有首先赢得中国人民的喜爱，具有中国风格、中国气派，才能堂堂正正地走向世界和屹立于世界文化之林。”①

重视传统文化，并不是说要回到过去，要复古，要重新再死记硬背四书五经，要对旧文化的一切都恢复顶礼膜拜，这是对传统的狭隘理解和扭曲认识。一切文化，如果只有守旧而无创新，它必然是死文化。中华文明发展的基础和内在动力，就在于它的刚健自强，在于它的独立意志，在于它的开放包容，在于它的维新变革。中华文明正是通过不断变革而传承下来并发扬光大的。“不忘本才能开辟未来，善于继承才能更好创新”。因此，社会主义文化建设要在传承基础上不断地推进文化的创新，坚持古为今用、推陈出

① 江泽民在中国文联第六次全国代表大会中国作协第五次全国代表大会上的讲话(1996年12月16日)，见中共中央宣传部宣传教育局、中华人民共和国人事部政策法规司编《毛泽东、邓小平、江泽民论为人民服务》，学习出版社，1998年版，第210页。

新，有鉴别地加以对待，有扬弃地予以继承，既不片面地讲厚古薄今，也不能片面地讲厚今薄古。[①]

二、劳模文化的主要特征

劳动模范是先进生产力的代表，也是先进文化的代表。劳模文化既包括由劳动模范这个集合体长期实践与创新所形成的整体价值观念、道德风范、敬业精神、行为准则等，也包括企业和社会在培育劳模、尊重劳模、激励劳模等方面所形成的理念和制度。劳模文化是先进文化的重要组成部分。

具体来讲，劳模文化具有以下特征：

（一）意识形态性

劳模作为一种文化现象，并非自发产生。劳模产生于 20 世纪 30 年代的中央苏区公营企业。其目的是通过树立一批典型人物，授予他们劳动模范的荣誉称号，以激励本人和其他人努力工作。1949 年中华人民共和国成立后，面临着建设社会主义的艰巨任务，党和政府把战争年代的劳模经验又运用在经济生活中。1950 年至 1960 年，党和政府召开四次大规模的全国劳模代表大会，共表彰 6 510 个先进集体和 11 126 名先进个人，使得学习劳模的活动在全国各行业中广泛开展起来。1950 年，时任中华全国总工会副主席的李立三建议中央要加强对劳模的宣传，在劳动竞赛中组织推广劳模的工作经验，并把评选劳模作为一种制度固定下来，定期召开全国性的劳模大会。[②] 自 1989 年以来，全国劳模和先进工作者的评选表彰工作逐渐向规范化方向发展，基本形成了每 5 年一次，每次 3 000 名左右的固定规模。截至目前，我国先后召开 17 次全国劳模和先进工作者表彰大会，共表彰全国劳模 25 000 多人。可见，劳模从其产生来看，本来是企业为激励生产、鼓励先进的一种做法，后经过国家的干预、引导、宣传和推广，并不断发现、赋予劳模一定的道德、精神和价值因素，使之逐渐变成国家有意识的行为。劳模无论是

① 中共中央宣传部：《习近平总书记系列重要讲话读本》，学习出版社，2016 年版，第 101 页。

② 齐燕庆：《中国劳模现象的历史及其沿革》，《理论前沿》，1996 第年 9 期。

作为社会的一种道德教育制度，还是作为经济活动中的“泰勒制”（使生产作业规范化、标准化的一种工业管理方法，也可称作科学管理），其本质都是国家使用劳模这种身份符号来达到维护统治、发展社会的目的。因此，劳模更多的是一种荣誉，当然，这种荣誉也意味着国家给予的一定程度的补偿和激励。翻开《中国职工劳模大辞典》可以看到：新中国第一批劳动模范中，有不少人在获荣誉后得到了深造机会。诸如北京市劳模李兆珍，本是天津被服厂缝纫工，但在1958年进入天津大学，毕业后又进入清华大学核能技术研究所。1978年，国务院颁发规定：获得全国劳动模范、劳动英雄称号者，其退休费可比一般标准高10％～15％；1982年，全国总工会下通知称：各省、直辖市、自治区工会每年可组织全国及省级劳模进行短期休养；1983年，省级劳模升学深造的规定出台；同年7月，如何保障劳模的身体健康及改善住房条件也被写入文件。1989年全国劳模大会之后，国务院决定为该年获得全国劳模称号的职工每人晋升两级工资。2000年之后，劳模的待遇和管理进一步走向规范。2016年，《中华人民共和国国家勋章和国家荣誉称号法》正式颁布实施，意味着我们国家对劳模的评选及保障等有了强有力的法律依据。可见，劳模作为一种文化现象，从其产生、发展到现在的逐步规范，是国家政治社会化的产物，体现了国家的意志。

（二）鲜明的时代性

在共和国的光辉历史上，各条战线涌现出成千上万的劳动模范人物。劳模精神实质上是时代精神的反映。穿越时代的变迁，我们可以看到，每一个时期的英雄模范都具有不同的时代内容和精神特征。中华人民共和国成立初期到全面建设社会主义时期，广大人民群众建设新中国的热情空前高涨，革命英雄主义、集体主义成为新的时代精神。以铁人王进喜、掏粪工时传祥和党的好女儿向秀丽等为代表的一大批先进典型，对于鼓舞、激励亿万人民为社会主义建设事业忘我劳动、艰苦创业、改变我国贫穷落后面貌，发挥了巨大的推动作用；以南京路上好八连、雷锋等为代表的一大批为人民服务的先进典型，不仅把党的宗旨体现在平凡的工作岗位上，而且在全社会产生了巨大的影响，促进了社会风尚的好转。

在改革开放新时期和全面推进中国特色社会主义伟大事业的进程中，我国迈上了中国特色社会主义道路，实现了从高度集中的计划经济体制向社会主义市场经济体制的转变。在这一转变的过程中，人们的思想观念发生了巨大的变化。人们追求理想、追求自我价值实现的愿望更加强烈，为实现社会主义现代化而努力奋斗成为时代的最强音。受此时代精神的感召，张海迪、蒋筑英、赖宁、徐洪刚、包起帆、韩素云、吴仁宝、孔繁森、李国安、徐虎、李素丽、柏耀平和李向群等一大批劳模人物应运而生。他们具有坚定的理想信念，立足本职，爱岗敬业，胸怀大局，顽强进取，矢志不渝地为社会主义现代化建设的宏伟事业忘我献身，对于激励人们投身改革开放和现代化建设事业，起到了巨大的促进作用。①

党的十八大以来，我国进入了改革发展的关键时期。经济体制、社会结构、利益格局和思想观念都发生了深刻的变化。这种空前的社会变革，给我国社会发展进步带来巨大活力的同时，也伴随着各种前所未有的挑战。在建设中国特色社会主义的道路上，涌现出了许振超、任长霞、李素芝、牛玉儒、宋鱼水、张云泉、王顺友、杨业功、孟二冬、王选、孔祥瑞、方永刚和袁隆平等众多先进典型。这些响亮的名字，在祖国大地上广为传颂，在全社会形成了崇尚先进、学习先进、争当先进的浓厚社会氛围，成为凝聚广大干部群众全面建设小康社会和构建社会主义和谐社会的精神助推器。

（三）相对稳定性

劳模文化的相对稳定性既是指劳模作为一种评选活动，已基本稳定下来，形成固定的届次和规模，又是指劳模精神的内涵相对稳定。虽然不同时期劳模的形象不尽相同，虽然不同时期劳模的时代内容和特点也不完全一样，但他们身上所具有的主人翁责任感和艰苦创业精神，忘我的劳动热情和无私奉献精神，良好的职业道德和爱岗敬业精神则是一脉相承的。这些集中体现了中国工人阶级的先进思想和精神风貌的优秀品质，过去是、现在也

---

① 潘玉腾、陈赵阳：《中国共产党先进典型教育的历史考察及经验启示——兼论增进社会主义核心价值体系认同》，《福建师范大学学报（哲学社会科学版）》，2011 年第 3 期。

仍然是不变的劳模精神。因此，我们说，无论时代如何变迁，劳模精神的本质永远不变。

劳模精神是民族精神的重要组成部分，是民族精神的缩影，是我们宝贵的精神财富。民族精神是一个民族赖以生存和发展的精神支撑。一个民族没有振奋的精神和高尚的品格，就不可能自立于世界民族之林。在5 000多年的历史发展中，中华民族形成了以爱国主义为核心的团结统一、爱好和平、勤劳勇敢、自强不息的伟大民族精神。我们党领导人民在长期实践中不断结合时代和社会的发展要求，丰富光大着民族精神。我国经济发展和社会进步所取得的巨大成就，都凝聚着劳动模范的无私奉献和创造性劳动，铭刻着劳动模范的时代精神和崇高品格。榜样的作用是无穷的。在许许多多劳动模范的身上，体现着几代劳动模范的精神追求，体现着一代代中华儿女不屈不挠、自强不息的精神追求。这种劳模精神的生命力，既在于它的无私和奉献，也在于它的平凡和一贯。说到底，劳模身上体现的就是伟大的民族精神。

目前，社会上一部分人之所以会对劳模精神产生怀疑，就是因为不理解劳模精神的内涵。苦干和巧干，无私奉献和开拓创新始终是劳模精神永恒的体现。北京市劳动模范、老劳模时传祥的儿子时纯利说，这些年他始终在思考一个问题，怎样让老一辈的劳模精神代代相传？他认为，劳模精神也需要在创新中发展。对今天的年轻人讲老一辈艰苦奋斗的事例，他们也许感受不深，但是如果我们把老劳模的奋斗精神提炼成一种开拓创新的奋斗理念，赋予它时代内涵，融入现代化建设，就可以被年轻人理解和吸收。只有创造出富有时代特色的新型载体，才能承接好这份宝贵财富[①]。

三、劳模文化在社会主义文化建设中的作用

（一）劳模文化体现了社会主义文化的先进性

何谓劳模？何谓先进呢？1979年，中央第一次对“劳模”和“先进”进行了理论概括——他们必须是先进生产力的优秀代表，能体现社会发展的方

① 陈勇：《劳模文化的社会效应及其价值趋向》，《中国劳动关系学院学报》，2005年第6期。

向。判断一个职工是不是模范，要看其在推动生产力方面是不是起了显著的作用，对社会主义事业是不是作出了较大贡献。因此，从劳模的定义上，我们就可以看出，劳模本身就是先进生产力的优秀代表。那么，何谓先进文化呢？中国的先进文化，大致说来，就是反映中华民族在长期发展历程中逐渐形成并发扬光大的文化基本精神，是民族文化优秀传统的集中体现，是中华民族精神的集中体现。它反映着中华民族发展的正确方向，与人类文明的发展方向一致，代表并昭示着人类文明的发展方向[①]。因此，以劳模精神为内核的劳模文化是中华民族优秀传统文化和时代精神的融合，体现着中国先进生产力和生产关系发展的要求，反映着中国最广大人民群众的利益和愿望，昭示着时代前进的方向，是中华民族和全社会的宝贵精神财富，应当成为中国社会主义先进文化和中华文明的重要组成部分，在社会发展进步中得以传承、发扬光大。

（二）劳模文化先进性的表现

社会学家艾君在探讨“劳模到底意味着什么”时提出了一种观点。他认为，劳模是一种饱含感情的符号；劳模是一种能照亮黑夜、温暖人心的希望之光；劳模是一种人理之伦、人生之道的“人文”；劳模是一个时代的追寻脚步，是正向的人生道德观念和价值取向。劳模文化的先进性具体表现在以下几个方面：

1. 道德引领作用

“人无德不立，国无德不兴。”道德作为调节人际关系、人与社会关系的行为规范总和，是一个社会安定和谐的理性约束，是一个民族兴旺发达的精神基石。在劳模制度中，对劳模本人来说，获得劳模的称号是对其行为的肯定和激励，对其周围的人来说则是一种示范。劳模以其高尚的品质和人格魅力影响感染周围的人，进而达到道德教化的效果。山东青岛有一位匿名捐款市民，留下的名字是“微尘”，发现这一典型后，新闻媒体开展了长达数月的寻找“微尘”行动，虽然“微尘”没有找到，但“微尘”从一个人变成了一群

① 李宗桂：《文化的先进性与文化建设的基本目标》，《学术研究》，2000年第8期。

人，从一个小群体变成了更大的群体，发展成一个社会公益品牌，从而成为一个城市的文化精神，形成了社会文明风尚。

运用榜样力量引领人们的思想和行动，是我们党的优良传统和宝贵经验。近年来，各地各部门从实际出发，把学习宣传先进模范人物作为指导实践、推动工作的重要措施，取得很好成效。在榜样的带动下，各地区、各行各业都涌现出一大批先进模范人物。郑培民、牛玉儒、任长霞、李素芝、许振超、方永刚、李中华、邓平寿、林强等重大典型的名字在祖国大地广为传颂、家喻户晓，他们的先进事迹和崇高品德感动群众、感动中国，引起强烈共鸣。干部群众和社会各界对先进模范人物的认同度越来越高，向先进模范人物学习的自觉性越来越强，先进模范人物的示范引领作用越来越大。公民道德建设成为精神文明建设的亮点，学习宣传先进模范人物又成为公民道德建设的亮点。

宣传一个先进模范人物，就是在社会上竖起一个标杆、一面旗帜，就是在群众中提倡一种导向、一种追求。劳模精神在大学生的思想道德建设中也发挥着不容忽视的作用。上海城建职业学院邀请吴文巍、陆凯忠、王斌、王军等20多位劳模作为新生导师，让劳模们走进课堂，与新生们亲切交流，用自己的人生追求和成功经验教育感染同学们，帮助他们树根立魂，养成良好的职业观、道德观、人生观。此外，城建学院还将进一步聘请劳模们担任“人生导师”，与班级“结对子”，在大学期间为同学们进行人生指导和就业指导。城建学院把“劳模进校园”作为学校课程的一部分，作为学生进行研究性学习的良好契机，引导学生提前了解劳模的工作内容和环境，不但使学生在研究过程中获得知识和能力，也使其心灵得到净化。

在实践中我们体会到，道德模范对社会风尚的引领，是一个“树立典型、认同价值、实践道德，最终变成群体社会行为”的联动过程，必须作为一个系统工程，有计划、有步骤地整体推进。因此，在社会主义道德建设中，我们要让更多的劳动模范和道德模范“站”出来、“亮”出来、“领”出来，以此推动社会主义道德建设。

2. 行为示范作用

劳模作为先进生产力的代表，是根植于群众当中，产生于社会实践中的。劳模在生产实践中形成了自己先进的经验与创造，而且能够把群众中传统的和新创造的生产经验集中起来，并带动和影响广大群众因地制宜地坚持下去，使这些经验和创造在生产中得到更好地运用。因此，劳模对于身边的同事来说更像是一面旗帜，一个杠杆，具有强烈的行为示范作用和带动作用。俗语说，见贤思齐，人心思进。这一方面说明每个人都有实现自我价值的愿望，同时也说明了劳模和先进典型对塑造群体现象的重要作用。有了劳模这面镜子，大家就能找出自己的不足，有了劳模的示范作用，大家就有了努力的方向，有了劳模精神的感召，大家就有了标尺，就能够形成崇高的责任。每一位职工有了劳模的责任意识，有了劳模强烈的使命感，无论遇到什么困难，无论遇到什么样的复杂环境，就都能够想方设法地排除困难，尽职尽责地完成任务，就都能够形成强大的凝聚力和向心力。

在实践中，我们发现通过创建劳模创新工作室，可以更好地发挥劳动模范的示范引领作用。而同时，劳模的示范性又有整体带动的功能。据对17个省（自治区、直辖市）的统计，2013年，劳模创新工作室共开展各类创新项目和课题8.5万多项，其中科技开发课题1.9万多项，优化作业流程、提升工作效率项目2.4万多项，业务技能提升项目4.3万多项，共培训各类职工近57.5万人，帮助近13.6万人提升了技术等级。上海市自2012年起，开展了“上海市技能大师工作室”建设。2012—2016年，上海已建立并资助了123个市级技能大师工作室，其中已有28个成为国家级技能大师工作室。据统计，目前，90.14%的大师工作室已完成了带教培养8名以上技能人才的目标；各工作室均已完成一批创新成果，形成一批专利，获得市级、国家级、国际奖项，合计创造经济效益达19.8亿元，其中有4个工作室创造效益已超亿元。通过劳模创新工作室，“劳模的政治、文化优势转化成了生产力和向心力，体现了劳模价值实现的最大化”①。据悉，“到2020年，各级创新工作室创建总数将超过10万家，全国示范性创新工作室总数达到300家”②。

① 工人日报：《湖南：劳模梯队彰显示范效应》，2006年05月15日。

② 全国总工会：《关于进一步深化劳模和工匠人才创新工作室创建工作的意见》2017年13号。

与此同时,各级工会和政府也非常重视发挥劳模的示范引领作用。每年“五一”前夕,习近平都要与劳动模范座谈并发表重要讲话,礼赞劳动创造,讴歌劳动精神。2014年,习近平总书记在乌鲁木齐接见劳动模范和先进工作者、先进人物代表时,要求劳动模范和先进工作者、先进人物不仅自己要做好工作,而且要身体力行向全社会传播劳动精神和劳动观念,让勤奋做事、勤勉为人、勤劳致富在全社会蔚然成风。特别是要通过各种措施和方式,教育引导广大青少年牢固树立热爱劳动的思想、牢固养成热爱劳动的习惯,为祖国发展培养一代又一代勤于劳动、善于劳动的高素质劳动者。2013年,两位来自生产一线的全国劳动模范许振超、郭明义当选为全国总工会兼职副主席,体现了党中央重视劳模、崇尚劳动,是对全国亿万劳动者的关怀和激励。全国总工会从20世纪80年代连续发出号召全国职工向赵春娥、罗健夫、蒋筑英等人学习,到进入90年代推出包起帆、徐虎、李素丽、王启民等先进职工,再到进入新世纪以来大力表彰和宣传许振超、王顺友、李斌、王洪军、窦铁成等一大批新时代先进模范人物,在全社会推动形成了“劳动光荣、知识崇高、人才宝贵、创造伟大”的氛围。“只要努力去做,当工人同样有出息。”当这一共识逐渐汇成时代的强音,中国工人阶级一定能够在全面建设小康社会的伟大征程中再立新功。①

3. 价值导向作用

20世纪以来,人类社会越来越多地受到全球化的挑战。道德观和价值观的差异逐渐取代意识形态的冲突,或者像塞缪尔·亨廷顿所说,未来世界的冲突就是世界不同文明之间的冲突。而文化的灵魂就是凝结在文化之中、决定着文化质的规定和方向的最深层的要素,其核心是价值观。有什么样的价值观,就有什么样的文化立场、文化取向、文化选择。软实力、文化力,根本上取决于核心价值观的生命力、凝聚力。历史和现实反复表明,如果没有这个最核心的东西,一种文化就立不起来、强不起来,一个民族就没有赖以维系的精神纽带,一个国家就没有统一的意志和共同的行动。我国有56个民族、14亿人口,在国际形势风云变幻的情况下,要把广大人民的思

① 法制日报:《工会重视发挥劳模示范引领作用》,2008年10月17日。

想意志凝聚好，使中华民族更好地屹立于世界民族之林，就必须铸就能够有效发挥统摄、引领和整合作用的核心价值观。

市场经济的发展，带来了社会生活的丰富多彩，也导致了人们价值取向的多元。一方面，由于偶像的缺失与错位，一些人的精神高地发生了倾斜，人生追求与价值体现也由崇尚劳动、崇尚创造而向金钱至上、享乐主义转变，不屑于在诚实劳动中创造财富，拒绝在平凡岗位上作出无私奉献，劳模的社会作用力与推动力似乎在削弱。由此，也引发了我们对劳动模范本原和价值的探究。任何一种事物，失去了本原也就失去了其存在的价值。劳模申纪兰曾说，不劳动就不是劳模。话虽朴素，却蕴含着一个哲理，那就是劳动模范是以某一个行业的旗帜和楷模而为存在前提和价值体现的。劳模的中心词是“模”。“模”就是示范、楷模，体现了一种榜样的作用，劳模的定语是“劳”。在当前的生产环境下，“劳”不是一种简单、重复的劳动，而应是在爱岗敬业中的创新劳动。无论是体力型劳模还是智力型劳模，无论是生产者还是创业者，无论是比表现还是比贡献，劳模都是劳动者当中的佼佼者，是楷模。离开了劳动，模范就无从谈起，价值也就不复存在。

劳动是幸福的源泉，也是推动历史进步的根本力量。在辛勤劳动中涌现的劳动模范是国家的栋梁、民族的精英、人民的楷模，在埋头苦干中淬炼的劳模精神，是民族精神和时代精神的体现，是激励我们艰苦奋斗、再创辉煌的强大动力。劳模精神集中体现了社会主义核心价值观的要求，是构建和谐社会的根本。我们弘扬劳模精神就是要在多样化的价值取向中确立以劳动为核心的价值观，让劳模精神成为全社会广泛推崇的精神品格，就是要在多层次的价值标准中标明社会的高尚价值准则，让劳模精神受到社会尊重，践行社会主义核心价值观。

不是每个人都能成为劳模，但人人都应该发扬劳模精神，要不断自我净化、自我革新、自我提高，大力弘扬社会主义核心价值观，真正使劳模精神引领风尚、激发力量。在全社会营造崇尚劳模、学习劳模、关爱劳模、争当劳模的良好氛围，不断发展工人阶级先进性，用工人阶级伟大品格、诚实劳动的模范行为影响和带动全社会，不断为中国精神注入正能量。在亿万人民追求幸福生活的壮阔进程中，在实现中国梦的不懈奋斗中，劳模精神必将不断放射耀眼的光芒，见证我们前进道路上的一个个走向梦想的时刻。

第二节　劳模品牌的文化符号

一、劳模与品牌的关系

品牌(brand)一词来源于古挪威文字 brandr，意思是“烙印”，最早指的是生产者将燃烧的印章烙印到产品上。1960 年，美国营销学会(AMA)给出了对品牌较早的定义：“品牌是一种名称、术语、标记、符号和设计，或是它们的组合运用，其目的是借以辨认某个销售者或某销售者的产品或服务，并使之同竞争对手的产品和服务区分开来。”品牌不仅仅是一个标志和名称，更蕴含着生动的精神文化层面的内容。例如，可口可乐的品牌内涵远不止“可口可乐”这几个字所构成的标志和名称，它体现着美国几代人“乐观向上”的美国文化。同时，品牌不仅是产品或企业核心价值的体现，是质量和信誉的保证，还是企业的“摇钱树”，具有一定的经济价值。例如，在企业形象及品牌咨询公司 Interbrand 公布的 2013 全球百大品牌榜中，苹果以 983 亿美元的品牌价值跃居榜首。总之，品牌是企业或品牌主体(包括城市、个人等)一切无形资产总和的全息浓缩，而这一“浓缩”又可以以特定的“符号”来识别；它是主体与客体、主体与社会、企业与消费者相互作用的产物。

劳模本身就是一个品牌。它彰显着新中国对劳动价值和爱国主义的肯定，而且在新中国的国家建构过程中还具有了泛政治化的效果，成为国家意识形态的一个重要的符号象征。[①]

(一) 劳模与个人的关系

劳模个人对于劳模品牌的形成具有重要的影响。一个人能够成为劳

① 张明师：《新制度下的新模范：1950 年英模群体的特征及其时代意义》，《河南师范大学学报(哲学社会科学版)》，2011 年第 1 期。

模，首先或者最重要的是其忘我的劳动和精神。我们知道，劳模制度产生于抗战时期，当时的陕甘宁边区由于经济困难，粮食短缺，曾一度处于非常危险的境地，为了发展生产，巩固根据地政权，1939 年 2 月 2 日，延安生产动员大会上提出了奖励劳动英雄，并在随后的大生产运动中发现和创造出大批劳动英雄。劳动模范的产生，也改变了人们过去对于劳动的认识，树立了一种劳动光荣、劳动至上的社会风气。李济深在全国工农兵劳模会议开幕时讲道："在过去的社会里，劳动不被人重视。几千年来，反动统治阶级一直歪曲了对劳动的观点，认为劳动是下贱的。今天新社会就大大不然了，我们学习社会发展史，彻底了解了世界是劳动创造的，人类的历史首先就是劳动生产者的历史，劳动者就是文明的创造者，没有别的再比劳动光荣的了。我们应该给予劳动者以应得的重视与尊敬。"①由此，第一代英模群体也成为新中国革命话语体系在民间的代言人、宣传者和执行者。陈云作为副总理在开幕词中指出："人民的英雄是从人民中产生出来的，只有和广大群众一起，虚心向群众学习，集中他们的经验和智慧，然后才能领导他们，推动他们前进，真正发挥毛主席所说的桥梁、骨干与带头作用……任何劳动模范成功的原因，不但因为他有国家主人翁的新的劳动态度，而且因为他能够接受技术知识，使技术知识与劳动经验相结合，如果没有这种结合，那么，过去的劳动成果的取得和今后劳动成效的提高，也是不可能的。"②1979 年，党中央、国务院第一次对"模范"和"先进"做了理论概括，认为"各条战线的劳动模范和先进集体，必须是先进生产力的优秀代表，能够体现社会发展的方向。判断一个职工是不是模范，一个集体是不是先进，归根到底，要看其在推动生产力发展方面是不是起了显著的作用，对社会主义建设事业是不是作出了较大的贡献。这是我们选举劳动模范和先进集体的根本标准"。但由于"推动生产力发展"不便直接测量，所以，在实际评选过程中，依据的是贡献的大小。当时中共中央、国务院规定了出席全国劳模代表大会的九项条件，其中第一项就是"对超额完成全国先进定额和计划指标有重大贡献者"。因此，劳模不

① 人民日报：《李济深副主席讲词》，《人民日报》，1950 年 9 月 26 日第 1 版。
② 人民日报：《陈云副总理致开幕词》，《人民日报》1950 年 9 月 26 第 1 版。

可避免地打上了忘我劳动的烙印。

今天，劳模已经从单纯的体力劳动向创新型高科技劳动转化。以许振超、李斌等一线职工为代表，在继承发扬老一辈劳模艰苦奋斗拼搏奉献精神的同时，苦练技术，大胆创新，成为知识型、技术型和创新型劳模。"抓斗大王"包起帆说："我当工人的时候，是以'老大粗'为荣，比谁汗流得多、大包扛得多。如今，这样的时代已经一去不复返了。尽管艰苦创业的精神还是需要的，但更需要智慧，更需要创造性的劳动。"

个人之所以成为劳模，不仅是因为其忘我的劳动，更重要的是其精神。作为我国劳动者的杰出代表，劳模们身上所具有的主人翁的责任感和艰苦创业精神，忘我劳动的热情和无私奉献的精神，开拓创新和锐意进取的精神，以及良好的职业道德和爱岗敬业精神，成为推动时代发展的强大动力，更是伟大民族精神的重要体现。新世纪的劳模，面临转型期的利益调整和多种思潮的冲击，用敬业与创新诠释着新时期劳模精神的特质，同时展现出劳模自身的品牌效应。例如，在"金牌工人"许振超的感召下，以德为重、爱岗敬业、团结协作、争创一流的"振超精神"成为青岛港码头工人的时代精神。再如，南京市先后创立了"金蓝领创新工作室""首席技师工作室""劳模创新示范岗"和"南京市职工技术人才信息库"等，带动更多职工投身技术创新。劳模的表率和示范效应是其精神永恒的真谛。

劳模虽然分属不同时代，来自不同领域，但都以实际行动铸就了爱岗敬业、争创一流，艰苦奋斗、勇于创新，淡泊名利、甘于奉献的劳模精神，昭示了顽强拼搏、自强不息的崇高品格，体现了与时俱进、开拓创新的时代风貌，成为广大职工效仿的榜样和努力的方向。全国劳模包起帆曾说："我相信，'包起帆'能够被复制。你可以没有学历、没有资历、没有背景，现在还从事着平凡的劳动，但只要努力学习、敬岗爱业、用心做事，就能够在创新的道路上取得成功。"

（二）劳模与团队的关系

有一首儿歌唱道："一只蚂蚁来搬米，搬来搬去搬不起，两只蚂蚁来搬米，身体晃来又晃去，三只蚂蚁来搬米，轻轻抬着进洞里。"说的是一个人的能力再强，力量再大，也比不上集体的力量，蚍蜉虽小，但团结起来却能撼动大树。苏联作家奥斯特洛夫斯基也曾说："要与集体一起生活，要记住，是集体教育了你，哪一天你若脱离了集体，那将是末路的开始。"同样的，一个人之所以能成为劳模，除了个人本身的努力外，和集体团队的培养和锻造也是分不开的。

新中国成立后不久，国务院决定把评选劳模形成固定的制度。自此，评选、表彰模范和先进人物成为一项群众化、制度化了的社会活动。而事实上，一个有贡献的职工能否被评为劳模，尽管受很多因素的影响，但其中有两个因素往往是决定性的：一是有没有"名额"；二是能不能得到基层单位的推荐。

以 1995 年湖南省全国劳模的评选为例，早在 1994 年 4 月 27 日，国务院就决定在 1995 年五一前夕召开全国劳模表彰大会，拟表彰全国劳模和先进工作者 3 000 名，并因此于 1994 年 5 月 20 日成立了该大会筹备委员会，接着该筹委会就评选条件、名额分配及推荐评选方法等做出了规定。根据有关原则和规定，大会筹委会分配给湖南省 98 个推荐名额。湖南省为了配合全国劳模大会的召开，决定在全国劳模大会前夕召开全省劳模大会，拟表彰省级劳模 500 名，再从这些省级劳模中选出全国劳模。湖南省人民政府也因此专门成立了筹委会，并根据"以实有职工人数和农村劳动力人数为基础，考虑有关特殊因素作适当增减，对少数民族和边远地区予以适当照顾"的原则，把这 500 个名额分配给各地、州、市等地区和单位，比如分配给常德市（地级市）的是 43 个省级劳模和 9 个全国劳模推荐名额。常德市再以类似的原则把这些名额分配给各区、县（市）和市直工委，比如分配给津市（县级）的是 3 个省级劳模推荐名额。津市再要求各乡（镇）、街道办事处和市直机关单位等下属机构和单位各推荐一名候选者。此后，有关基层单位便开始在本单位物色恰当的人选，按要求经职工代表大会或职工大会讨论通过后，把人选上报给津市有关领导小组办公室。该领导小组对这些候选人进行审核和把关，从中确定 3 人上报给常德市的领导小组。市领导小组继续审核和"把关"，综合平衡后，再把被推荐者上报给省筹委会办公室。省筹委会办公室在征求有关方面意见和综合平衡之后，再经筹委会审核同意，才由省人民政府批准授予省劳动模范称号，全国劳模则由省人民政府上报全国劳模大会筹委会办公室审批①。可见，这种劳模的评选实质是一种自上而下的行政定额的推选，而要成为劳模，第一步就是获得单位的推荐。

不过，随着城市经济体制改革的逐步深化，劳模的评选标准也发生了较大的变化。在一些地方，一些个体私营老板也被评为劳模，如济南市 1997 年就有 6 名个体劳动者被评为济南市劳模。2005 年首次将进城务工人员和私人企业主纳入评选范围，这在劳模评选历史上是第一次。姚明就是在本年度被推荐为全国劳模的。

个人成为劳模，除了单位的培养之外，还离不开行业、工会乃至城市的发展。例如，各省市工会都有相应的组织机构负责劳动竞赛和劳模的评选、管理和服务。在新的历史时期，各地工会一直在探索创新劳模价值发挥的新形式，创建劳模价值发挥的新平台。有的地方借鉴企业新技术创新中心，建立劳模创新工作室，让劳模中的技术骨干发挥更大的带徒作用；有的地方比照科研院所的学科带头人机制，建立劳模专家带头人机制，让劳模成为培养行业标兵的示范者；有的地方将劳模评选为当地新闻人物，让劳模成为时代价值的引领者。

同时，一方水土养育一方人，一个人的发展又和他所处的城市休戚相关。劳模朱雪芹坦言自己是农民工中幸运的一员，她说："我到了一个很好的单位，一个很好的城市，这个城市给我的机遇很多。"所以在做了劳模，特别是做了代表之后，朱雪芹希望能更多地为农民工群体做一些事情。出于这个愿望，2009 年，朱雪芹成立了以自己名字命名的工作室，为广大农民工提供法律援助和心理咨询。

个人成为劳模离不开单位和组织的培养，而劳模成为品牌更离不开团队和集体的努力。王震是全国商业系统最早创建服务品牌的全国劳模。从最初的"买相机找王震"到如今的"买数码产品找'华联王震'"，这个劳模服务品牌深受上海市民的信任和喜爱。但这些并不是通过劳模一个人的短期操作就能实现的。对此，王震深有体会，他一直对他的徒弟说："如果今天还

① 游正林：《我国职工劳模评选表彰制度初探》，《社会学研究》，1997 年第 6 期。

有人买照相机来找我，那是我们‘华联王震’品牌的失败。”为何？因为劳模个人在品牌的初创期固然具有十分重要的作用，但要持续发展，关键在于建立一支有效的团队，需要整个团队素质有一个明显的提升，培养团队文化，而这些都需要时间与耐心，在潜移默化中使劳模精神成为团队的共同追求，使团队的每个成员都能更好地传承劳模精神，并以此来参与市场竞争，只有这样，劳模品牌所产生的社会与市场价值才会远远高于劳模个人的价值。

案 例

熊熊点燃劳模品牌，照亮城市经济发展

“熊熊”，并不是一个昵称，而是她的真名。1983年出生的熊熊，现在是申通集团上海地铁第一运营有限公司人民广场站区域副站长。2002年，19岁的熊熊刚参加工作，是上海火车站站的售检票设备维修人员。2007年，因车站售检票设备维修工作整体外包，熊熊要转型做站务员。熊熊把自己的岗位命名为“小熊为您”服务台——最初只有一张桌子，后来才有了一个占地2平方米的服务台。“当时这个服务台是全上海地铁站内唯一一个只负责解疑答惑、不负责票务工作的服务台，因为上海火车站外地乘客特别多，尤其是农民工乘客多，特别需要一个解疑答惑的岗位。”至于为什么叫“小熊为您”，熊熊解释说：动画片里不是有只小熊叫“维尼”吗？“为您”是它的谐音。2012年，以她的名字命名的劳模工作室——“熊熊‘3D服务’创新工作室”也成立了，工作室在熊熊的带领下先后推出了六项服务菜单。如今这个工作室已有30名成员，轨交1、5、9、10号线上的青年员工是工作室的“主力军”，为熊熊搭建起一个“传帮带”的平台。

据介绍，“3D服务”的意思是“培养有活力(Dynamic)的员工队伍，树立全心全意(Devoted)的服务理念，使乘客感受一段愉悦的(Delightful)地铁旅程。

2014年，熊熊“3D服务创新”工作室推出了青年员工自己编辑的微信公

众平台——“微 in 地铁之熊熊 3D 服务工作室”。通过每日固定的三个板块和一个值班板块拓展了服务渠道，拉近了与乘客的距离。在熊熊的引领和组织下，青年员工在工作室的组织下参与了公益爱集市义卖活动、和脑瘫患儿一起用歌声唱响对生命的感恩和祝福、带着自闭症儿童一起畅游地铁。熊熊和 3D 工作室期待用快乐的心态影响越来越多的人。

以劳模创新工作室打造品牌新亮点，在上海形成规模。自 2011 年起，上海市总工会在全市广泛开展了创建劳模创新工作室活动。据统计，目前已有 71 家区县局（产业）工会共创建了 446 个劳模创新工作室，其中，以全国劳模名字命名的有 86 个，以全国五一劳动奖章获得者名字命名的有 80 个，以上海市劳模（含省部级）名字命名的有 227 个；446 个劳模创新工作室分属四种类型，其中科技创新型 133 个、技术攻关型 146 个、培训服务型 87 个、技能传授型 80 个。“十二五”期间，上海市总工会计划命名 1 000 个市级“劳模创新工作室”。劳模创新工作室在实践中逐步形成了集聚效应、辐射效应、品牌效应、示范效应和激励效应，增强城市核心竞争力。可以这样说，由劳模领衔，身体力行，言传身教，弘扬劳模精神，以劳模精神塑造劳模品牌形成特色，已成为上海经济健康稳步发展的重要推动力。

二、劳模品牌的主要特征

1995 年，南京中央商场通过开展大讨论和专家研讨，率先提出“劳模品牌”的观念，认为“劳模也是一种资产”。上海市总工会在其文件中明确指出：“劳模品牌是指以在本地区、本系统、本行业以及社会上具有一定知名度和影响力的，以劳模姓名命名的公司、车间、班组、工作室（站）、操作（工作）法或其他具有一定知名度、美誉度和普及度的无形资产。”因此，劳模品牌不可避免地具有荣誉性、价值性和社会性的特征。

（一）荣誉性

荣誉是社会组织给予的积极评价，是社会组织对一个人基于其某方面突出表现或贡献而作出的正式评价。劳动模范是对在社会主义建设事业中作出重大贡献者的荣誉称号。因此，劳模品牌不可避免地具有荣誉性这一特征。

不过，劳模的这种荣誉称号现在并不是终身制的。2010 年，中华全国总工会相关负责人接受《法制晚报》记者采访时表示，劳动模范如果触犯国家相关法律，也会相应解除其荣誉称号和待遇。2016 年颁布的《中华人民共和国国家勋章和国家荣誉称号法》更明确指出国家勋章和国家荣誉称号获得者因犯罪被依法判处刑罚或者有其他严重违法、违纪等行为，继续享有国家勋章、国家荣誉称号将会严重损害国家最高荣誉的声誉的，由全国人民代表大会常务委员会决定撤销其国家勋章、国家荣誉称号并予以公告。2014 年，上海市静安区出台了《“劳模创新工作室”管理办法》，完善了劳模创新工作室运作机制，还明确了退出机制，对劳模创新工作室实行动态管理。《“劳模创新工作室”管理办法》规定，凡连续两年评估没有达到劳模创新工作室基本标准的，区总工会将撤销其命名。

劳模品牌的荣誉性这一特点，要求劳模爱护自己的品牌，也要求劳模们慎重对待名利与金钱。2003 年全国劳模李素丽“入户”北京城外诚家居文化广场，做起了城外诚的服务形象大使，李素丽也由此成为国内首位劳模形象大使。劳模能否为企业作形象大使，一时引起人们的广泛争议。赞同者认为，劳模以自身的形象推动经济的发展，在更宽泛的领域体现自己的价值，有什么不可以呢？但持反对观点的人更多。人们争执的焦点在于劳模出任企业形象大使，是否背离了劳模的精神价值。人们普遍可以接受歌星影星为企业打品牌、做广告，却对劳模出任企业形象大使难以接受。究其实质在于，劳模不是一种职业，而是一种荣誉称号。它更多代表的是精神层面的价值，当然也有很多劳模创造了巨大的物质财富，但这种创造和形象代言不是一回事。为企业做形象代言人，其公益性质是微弱的，更多的是与个人及企业的经济利益挂钩。劳模出任企业形象服务大使，利用的是消费者“爱屋及乌”的心理。劳模由于身份的精神价值和公共性，身上集中了公众的权威认可，在广大人民心目中的地位是较高的。如果形象代言、当大使的事情过多、过于频繁，势必会让广大群众对劳模的信任打些折扣。这提醒我们，劳模参与商业活动，付出的不仅仅是外在的形象，还有公众的认同，因此承担的道德风险也就更大。慎重代言，是对劳模自身荣誉的爱惜，更是对消费者负责。

（二）价值性

劳模是社会和行业中的引导者，以自己的言行客观上引导着人们。劳模品牌作为一种无形资产，其价值越来越受到重视，并且从社会政治生活延伸到商业文化和企业文化中。

在市场经济条件下，劳模品牌作为一种无形资产，可以成为资本，具有资本价值，这是劳模品牌的价值性的体现。如李斌这个劳模品牌，最早是作为全国第一个以普通工人名字命名的“李斌学校”的校名推出的。2003年，“李斌学校”升格为“上海电气李斌技师学院”，成为培养新一代高级技术工人的基地。如今，李斌这个劳模品牌直接走上市场，在一个又一个合同订单中成为重点捎带的“特殊条款”。从以劳模名字命名企业，到以“劳模品牌”的无形资产入股企业，形成多元投资结构，是一次观念突破和体制创新，体现了社会对劳模贡献的价值认同。

社会价值是劳模品牌的主要价值和特征。劳模是劳动人民群体中的杰出分子，通过他们的影响力和感召力，可以激励大家为单位多作贡献；另外，劳模是先进生产力的代表，掌握着较高的职业技能，拥有一定的知识资本，运用劳模的这一有利资源，能够为单位创造出更多的财富。以品牌为载体，宣传劳模精神，把劳模精神做成品牌，强化它的社会价值，并把这笔无形资产变为有形资产，使劳模精神与市场经济规律在理念上成功对接，既保留和丰富了劳模精神内涵的传统精华，又赋予它强大的生命力，成为引领时代精神的典范和旗帜。

劳动是人类创造财富的基本活动，也是最为光荣的活动。不同时代的劳模身上所体现和代表着的不同精神，就是不同时代衡量劳动价值的标尺。尽管每一时代的劳模群体都呈现出多元的组合，以体现对不同劳动价值的肯定，但一个总的趋势是，社会对劳动的理解，正在逐步从单纯的体力劳动，向包括体力劳动在内的多种劳动方式认同的方向转化；社会对劳动价值的评判，正在从“出大力，流大汗”“苦干加巧干”，向如何利用包括科学技术在内的一切方式，创造更大的社会效益、经济效益的方向转变。这些变化，实际上更突出了劳模的自身价值，充分体现了劳模的先进性。尽管劳模的构成在变化，但劳模的精神没有变，劳模品牌的内涵没有变。劳模品牌的内涵就是劳模身上体现出来的劳模精神，这种精神就是主人翁责任感和艰苦创业精神，忘我的劳动热情和无私奉献精神，强烈的开拓意识和创新求实精神，良好的职业道德和爱岗敬业精神。劳模精神是推动时代前进的强大动力，是伟大民族精神的重要体现。

（三）社会性

劳模品牌的社会性主要是指劳模品牌在社会或行业里具有一定的普及度，能够推广和传承，具有一定的社会影响力。

劳模品牌的社会性首先表现在其在一定范围内能够推广，可以普及，特别是以操作（工作）方法闻名的劳模品牌。劳动模范的社会整合功能主要表现在推广先进技术、彰显劳模精神和发挥榜样作用三个方面。通过推广劳模的先进经验和技术，提高了全社会的生产力水平。我们知道，劳动模范虽然代表着先进生产力的发展方向，提高了劳动生产率，但是，全社会生产力水平的提高不取决于这些劳动模范的成就和纪录，而取决于全社会的整体生产力水平。因此，党和政府通过劳动模范的典型示范，总结和传播劳模们的先进经验和技术，把他们创造的先进工作法、先进工具、先进技术以及先进经验迅速传播给全体劳动者。事实也是如此，例如，劳动模范郝建秀创造的“细纱工作法”，促进了我国纺织行业的发展，在全国各地涌现出成千上万个“郝建秀工作者”；劳动模范王崇伦、马学礼、苏广铭等创造了万能工具胎及新刀具，提高了我国金属切削能力；黄荣昌、王全禄创造的木工机械，推动了我国木工机械化的进程。

推广的形式多种多样。组织劳模带徒弟，传技术、帮思想、带作风；举办技术操作表演或短期训练班，让劳模当教员现场示范、传经送宝；协作攻关、技术交流、技术革新、合理化建议等，这些都是群众喜闻乐见的普及劳模的先进经验的形式。报刊、广播、电视、文艺节目以及基层单位的黑板报、宣传栏等，也是行之有效的宣传工具。上海桃浦里弄生产组退休工人何奶奶回忆说，20 世纪 50 年代，上海女劳模到处做报告、教技术。女劳模到哪儿都是先做思想政治教育的报告，教育大家要勤俭节约、学习技术、为国家作贡献；然后再教技术，先教几个比较聪明的骨干，骨干再慢慢教大家。那时一些先进生产者的模范事迹和革命精神家喻户晓，妇孺皆知，使整整一代人受到教育和鼓舞。

劳模品牌的社会性还表现在其具有一定的社会影响力，能够吸引大众的关注和信任，也就是具有美誉度。在上海流传着这样的话："买相机找王震""买毛衣找开平"。被称为羊毛衫状元的邵开平，是上海市第一百货商店羊毛羊绒衫部营业员。站柜台看似平凡，学问却不少。邵开平刻苦钻研羊毛衫销售技艺，用现代商业服务理念创新服务，创立了"鉴别一摸准，配色有特色，保养创七法，定制保合身"的服务品牌，成了"问不倒"的专家，博得顾客广泛赞誉。

三、劳模品牌与劳模文化的反思

品牌与文化是密切相连的。品牌是文化的载体，文化是品牌的灵魂，是凝结在品牌上的企业精神。品牌与文化就像一对孪生兄弟，一方面，文化支撑品牌的丰富内涵；另一方面，品牌又可展示其所代表的独特文化的魅力，二者是相辅相成的。品牌是物质和精神、生理和心理、实体和符号、品质和文化高度融合的产物，是品牌文化的最终结果。而同时，文化则是品牌的生命、产品的精髓、企业形象的本质、产品品质的基础。在塑造品牌形象的过程中，文化起着催化剂的作用，使品牌更具有韵味，让消费者回味无穷，牢记品牌，从而提高品牌的认知度、知名度、美誉度，最终提高品牌的市场占有率。因而创建品牌就是一个充分展示文化精髓的过程。市场营销和品牌竞争的实践也证明：文化内涵是提升品牌附加值、品牌竞争力的原动力，是品牌价值的核心资源，是企业的一笔宝贵财富。

同样的，劳模品牌和劳模文化也密切相关。劳模是榜样，也是品牌，更是社会主义国家特有的一种文化现象。现在，劳模群体中有相当一部分人，是所在领域的学术带头人、革新技改能手、优秀的企业管理人才，在本单位、本行业的科研攻关、产品开发、市场竞争中发挥着不可替代的核心带头作用，是所在地区、行业的领军人物。这些高素质、高技能的杰出人才被评选为劳模，使新时代的劳模具有了更加吸引人、感召人的“偶像”魅力。这既是劳模文化的变化，又使劳模的形象更富有时代气息。

（一）劳模品牌是劳模文化的符号和组成部分

劳模文化是在社会大文化环境的影响下，经过劳模这个集合体长期实践与创新所形成的整体价值观念、信仰追求、道德规范、行为准则等的总和。劳模文化作为一个完整的体系，涵盖了劳模精神、劳模形象、劳模品牌等。

劳模先进人物是劳模品牌和文化的基础。劳模品牌是以劳模先进的优秀品质和高超技艺，结合其自身特点培育和命名的。劳模作为劳模品牌和文化的一种综合符号，是品牌和文化的重要形象标识，它借助人为创造的特殊性，表述和传达着劳模文化的内涵、精神和要旨，并且使群众更易产生信赖感。而劳模形象的塑造是劳模文化的外化，是劳模文化的载体。劳模形象宣传则更像集体形象展示，通过这种展示，能够整合劳模力量，凝聚劳模精神，使劳模文化能够形成强大的社会冲击力、影响力。因此，劳模形象的塑造和宣传对于劳模品牌和文化的形成起着至关重要的作用。

从劳模的诞生历史来看，劳模是被作为一种典型树立起来的。树典型的行为模式几乎是所有计划经济体制的逻辑必然。美国政治经济学家曾说：“从实践中看，在古巴和中国……道德激励的普遍形式是竞争：争取勋章、锦旗、称号，如苏联的‘劳动英雄’、古巴的五一锦旗或‘游击队英雄’奖状，或中国的‘劳动模范’称号。”[①]在计划经济体制下，这种行为模式之所以是必然的，是因为计划经济体制所隐含的假设是：人是有思想觉悟的，物质利益不是驱动人的根本力量。当然，事实上，劳模不是神，而是具有一定道德感召力的普通人。在市场经济条件下，劳动褪去其政治色彩与道德色彩而成为一种谋生手段，但社会仍然应树立劳模典型，大力倡导劳动光荣、劳动神圣等观念。劳动的价值一旦受到轻视，投机取巧之风就可能盛行，甚至蜕变成权钱交易、贪污腐败等社会顽症。通过树典型活动，倡导社会主义核

---

① [美]查尔斯·林德布洛姆：《政治与市场：世界的政治—经济制度》，王逸舟译，上海三联书店，1995年版，第428页。

心价值观，可以统一思想，振奋精神，维护社会道德规范，增强社会凝聚力，促进社会和谐。因此，在构建社会主义和谐社会的过程中，应进一步发挥劳模的带头作用和示范作用，在全社会弘扬以爱国主义为核心的民族精神和以改革创新为核心的时代精神，倡导中国特色社会主义共同理想，使人们学有榜样、赶有目标。

劳模品牌的运用，是发挥劳模文化效应、弘扬社会主义核心价值观的有效途径。一个品牌的价值远远不止于它的物质层面，而更在于它所蕴含的文化精神内涵。品牌文化触动着消费者的心灵，也创造了品牌价值。做好劳模品牌的培养造就，探讨将劳模品牌进行社会化运作的新途径，认清劳模品牌的无形价值和市场潜力，不断挖掘和发挥劳模品牌的价值，形成本企业、本行业、本地区的共同文化，就能够产生无可估量的文化效应，从而促进社会的和谐稳定。

（二）劳模文化丰富和引领着劳模品牌的发展

文化是品牌塑造的根本因素。品牌所蕴含的文化传统和价值取向，是决定品牌能否持久占据市场的关键。一个国家，一个民族，最深刻、最久远、最具生命力的东西是历经千百年积淀下来的文化。品牌中沉淀的文化传统成分，是唤起人们心理认同感、民族自豪感和历史责任感的核心所在，是品牌中最宝贵的无形资产，是品牌塑造的内在原动力。没有文化支持的品牌，无法获得持久的生命力。

从历史视角上看，作为一种权力运作方式，树典型活动主要源于“大一统”传统、道德教化传统、义务价值观传统，同时与传统旌表制度紧密相连。“大一统”传统是中国文化传统的一大特质，树典型活动源于“大一统”的需要；伦理规范与道德教化是中国文化传统的核心，道德教化传递着“德治”思维模式，是社会治理的重要方式，树典型活动是道德教化传统的延续；义务价值观形成于家庭本位的价值思想，规避权利而强调义务，当代中国树典型活动改造了义务价值观的传统，在重视义务的同时，对权利也更为重视；旌表制度是树典型活动在中国传统社会的制度化表达，通过对道德典型的彰显与标榜，达到倡导封建礼教、美化风俗、教化民众之目的。由于文化的延续性，树典型作为以儒学为核心的中国传统政治文化中的重要内容，在现代国家取代传统社会后，一直延伸到当代中国社会，成为当代中国社会政治文化的重要特色。中国共产党的树典型活动是对中国文化传统的继承与发展，实质上，领导树立典型，民众接受典型，都与中国文化传统有关[①]。

劳模就是作为其中的一种典型被树立起来的。劳动模范既契合了传统文化的需要，又迎合了计划经济条件下集体主义工作伦理的社会建构，具有政治和道德教化的功能。劳模评选依靠权力的介入，通过自上而下的评价体系，以道德与政治荣誉来激励他人努力工作。权威机构的道德评价活动是一种自觉的活动，权力和权威在道德典型的树立过程中起着自觉作用。例如，通过权威机构引导，对雷锋精神进行舆论宣传，一个"艰苦朴素、公而忘私、乐于助人、爱憎分明"的道德典型树立起来，一场大规模的"学雷锋运动"在全国展开了。权威媒体在宣传"铁人"王进喜时，国家权威机构的意识形态渗透其中，一个理想中的工人阶级的光辉形象就被树立起来了。他们身上承载的道德形象，通过权威机构的认可和宣传而附加了权威意义，并让民众接受这种权威意义，从而使这些行为成为民众道德的一个组成部分。在当前的历史条件下，在发挥社会主义核心价值体系的引领作用，构建社会主义和谐社会的过程中，应充分继承和发扬这些文化传统。通过建立和完善国家荣誉制度，促进劳模品牌和活动的规范化和制度化，以弘扬社会正气，引领社会思潮，培育和弘扬民族精神，增强中华民族的凝聚力，并最终促进和谐社会的形成。

第三节　劳模品牌的价值

一、劳模品牌的经济价值

劳模在社会生活中直接创造了物质财富。在市场经济条件下，劳模创

① 苗春凤:《当代中国社会树典型活动的文化传统探析》,《河南大学学报(社会科学版)》,2011 年第 11 期。

造的物质财富也更容易衡量。例如，以全国劳模、国泰君安证券股份有限公司江伟为核心的“江伟财富管理中心创新工作室”，从客户细分、人员培育、过程管理、IT 整合以及制度保障五个方面着手，开创性地建立了投资者财富管理服务体系，7 名工作室成员所管理的客户资产规模超过 50 亿，为公司创造业务收入超过 1 000 万元，并为客户的资产实现了超过 15%的年收益增长，品牌市场影响力逐步扩大。具体来说，劳模品牌的经济价值表现在资本价值和创新价值两个方面。

（一）资本价值

传统观念认为，劳模是一种政治荣誉，是一种精神财富；而今天从经济学的角度来认识，劳模同时还是企业的品牌形象，是一种无形资产。市场经济条件下，劳模品牌还可以成为资本，具有资本价值。

王震，上海华联商厦照相机柜台的一名普通营业员，全国劳模、全国“五一”劳动奖章获得者。他刻苦钻研业务，创建了以知识型服务为特色的新型销售模式，出了三本关于照相机的书，取得两项专利，为全国各地顾客提供了具有文化、技术、情感内涵的商业服务，“买照相机找华联王震”的招牌在消费者中越叫越响。1999 年 12 月，上海华联王震信息科技有限公司注册成立。王震公司由上海华联商厦股份有限公司、华联（集团）家用电器公司和王震个人三方联合组建。公司注册资本 500 万元，其中王震以自己的商誉价值 20 万元入股，占 4%，并出任公司技术总监。这是上海第一个用营业员的名字命名的公司，也被认为是上海商业界经营理念和投资体制的一次深刻改革。20 万是怎么估算出来的？据介绍，王震的“身价”是由上海市审计中心文汇审计事务所定的。该事务所为慎重起见，特意委派了两位老专家负责此事。折价的名头是王震的“服务品牌商誉”，其依据是王震三年来创造的经济效益。把一个全国劳模的名字作价 20 万元入股，这件事当时在社会上引起轩然大波，肯定者有之，反对者有之，质疑者有之，但是，华联商厦照相机柜台直线上升的销售额和利润、消费者的欢迎和肯定，让大家吃了一颗“定心丸”。

其实，用劳模的名字作为一种产品或服务的象征，过去也有，如倪志福钻头，虽然那是在计划经济体制下，并不含有明确的商业目的。改革开放后，类似的例子也屡见不鲜，如张秉贵成为北京百货零售行业的招牌，李素丽成为北京公交行业的金字招牌。尽管这些名字没有注册为商标，并不是真正的商业品牌，但不可否认的是，他们在某种程度上，实际体现着商业品牌的功能。如今，劳模品牌已经带出了丰厚的“劳模经济”。全国劳模徐虎当年是上海某房管所的一名水电维修工，出了名后，在上海开发房地产的湖南三湘公司指名要徐虎去管理小区。徐虎所在单位顺水推舟，干脆成立了徐虎物业公司。三湘公司总经理说，徐虎公司非常受居民欢迎，有了徐虎这个品牌，房子卖得也快。“造桥英雄”张耿耿，以耿耿品牌入股、“转型”当了 3 家新耿耿公司的董事长。1992 年 11 月，以全国劳模“抓斗大王”包起帆名字命名的“上海起帆科技开发公司”扬帆起航。在包起帆的带领下，这家以 30 万注册资本起家的公司，至今总资产已达 7 000 多万元。不过，在这家公司，包起帆既没有持有一分钱的股份，也没有拿一分钱的报酬。在上海，以劳模邵开平、陶依嘉、马海燕等名字命名的一系列“服务品牌”，均做到社会效益和经济效益双丰收。让市场诠释劳模含金量，盘活了劳模既有的名人效应，同时也发掘了劳模潜在的能量，扩大了劳模的贡献度。如今，上海市仅商业系统的个体劳模服务品牌就有 40 个，集体劳模服务品牌 10 个。

劳模品牌成为资本，不仅仅是劳模个人价值的体现。从更深远的意义上讲，它体现的是人才资本化的价值取向，揭示了市场经济条件下资源配置的客观规律。著名经济学家杨瑞龙认为，在现代市场经济中，资源配置是由价格决定的，而每个人都对经济利益有一个感应度。劳模把他以前的贡献，特别是已经形成的市场信用货币化、资本化是“常人的行为”，是权利，也符合市场经济的一般要求，有益于推动市场经济的发展。而劳动者作为企业组成的重要因素，用股份形式主动参与企业的经营管理，也是一个自然的过程，所有人都应该坦然接受。那些在自己岗位上无私奉献的劳模仍然值得人们尊敬，而把自己“资本化”，只要符合法律要求，也无可非议。从以劳模名字命名企业，到以“劳模品牌”的无形资产入股企业，形成多元投资结构，是一次观念突破和体制创新，体现了社会对劳模贡献的价值认同。但是，劳模品牌作为一项资产，必须小心管理，以免品牌贬值，品牌今后的价值，完全取决于对它的精心维护。

（二）创新裂变

市场经济下，劳模的经济价值更体现在创新所引发的技术裂变上。创新是新时期劳模的特质，如果说过去的劳模更多的是“体力”劳模，那么现在的劳模更多的是“智力”劳模。用历史的眼光来看，由于计划经济年代里物资紧缺，劳模的特质当然主要体现在生产能力上；然而市场经济条件下以创新制胜，劳模的特质必将突出体现在创新能力上。从实践来看，生产能力和创新能力是一个有机统一的整体，劳动本身就是一种充满创造、充满挑战的活动。劳模不仅是脚踏实地、辛勤工作的楷模，更是求实奋进、敢想敢为的模范。劳模群体正是凭借这种精神引领行业进步、践行改革实践、推动社会发展。

劳模创新工作室在充分发挥劳动模范示范带头作用，激发广大劳模和职工群众的劳动热情和创新创造活力，促进职工技能提升，推动企业技术进步和产业升级等方面发挥着不可替代的积极作用。劳模创新工作室是以劳模名字命名，由劳模担纲领衔，职工群众唱主角，以生产经营活动、技能人才培养和攻克生产中重点、难点问题为主的创新工作团队。

以工人发明家孔利明命名的“孔利明科技创新小组”被认为是劳模创新工作室的雏形。孔利明是上海宝钢运输部的一名普通职工，他拥有 54 项专利，是上海市获得国家个人职务发明专利最多的人。据不完全统计，20 多年来，孔利明开展科研项目 23 项，解决现场各类疑难杂症 354 个，提出各种合理化建议 373 项，实施技术改进 257 项。自 1996 年起，他连续 5 年摘取中国专利新技术博览会金奖，先后荣获上海市优秀发明十年成就金奖、上海市十大工人发明家、全国劳模等多项荣誉称号。2000 年 4 月，宝钢成立了“孔利明科技创新小组”。从此，宝钢涌现出了一大批孔利明式的知识型职工和创新型生产能手。2011 年 5 月 20 日，上海市总工会命名了上海首批 20 个劳模创新工作室，孔利明机电技术创新工作室排名第一。

2006 年起，全国总工会经济技术部在全国工会经济部长会议上，提出了在开展劳动竞赛过程中创建劳模创新工作室的活动。从此之后，劳模创新工作室开始在全国各地基层工会逐渐推广。2012 年 3 月，中华全国总工会与科学技术部等五个部门联合下发了《关于进一步加强职工技术创新工作的意见》。该《意见》的出台，进一步推动了劳模创新工作室的发展。截至目前，上海、北京、浙江、江苏等 12 个省（自治区、直辖市）的总工会广泛开展了创建活动。据不完全统计，全国现有各种劳模创新工作室 18 000 多个，其中以全国劳模名字命名的有 1 500 多个，以全国五一劳动奖章获得者名字命名的有 1 800 多个，以省市劳模名字命名的有 6 000 多个，以其他方式命名的有 10 000 多个。

为进一步弘扬工人阶级伟大品格和劳模精神，充分发挥劳模在创新驱动、转型发展中的示范、引领作用，动员组织广大职工勤奋劳动、创新劳动、诚实劳动，提升企业自主创新能力和一线职工技术素质，全国各地各级劳模创新工作室都毫无例外地承担起这一重担。“加快向具有全球影响力的科技创新中心进军”，是习近平总书记对上海工作提出的全新要求。群众性技术创新活动是发挥职工群众创新创造力，推动创新驱动发展，增强城市核心竞争力，建设科技创新中心的重要途径。为充分发挥高技能创新型劳模在群众性技术创新活动中的示范引领作用，自 2011 年起，上海市总工会在全市广泛开展了创建劳模创新工作室活动，并逐步形成了集聚效应、辐射效应、品牌效应、示范效应和激励效应，得到各级党政部门的认可支持、企业的积极响应以及广大职工的踊跃参与。

毋庸置疑，劳模创新工作室创建活动开展以来，通过劳模的示范与引领，实现了“点亮一盏灯，照亮一大片”的倍增效应，也传递出劳模创新工作室蕴藏着的巨大能量，但也存在着一些问题，主要表现在：一是劳模创新工作室的创建在全国的发展不够平衡、普及度不够高、影响力不够大；二是由于信息沟通不顺畅和资金的缺乏，技术研发能力较弱，致使已经拥有的一些科技成果转化、推广速度不够快；三是劳模创新工作室能打得响的品牌不多，带动能力不够强，辐射面不够广；四是机制和制度还有待加强，相应的表彰和激励机制有待完善。因此，如何凝聚各方力量，把创建劳模创新工作室打造成工会工作的品牌项目，在企业努力营造“处处是创新之地、人人是创新之源、时时是创新之机”的氛围，成为新时期劳模工作的一项重要任务。

案 例

李斌"两字价值几何？——一位全国劳模的品牌多功能效应

全国劳模的名字大多在派些啥用场？比较常见的是为生产小组、设备命名，还可为企业打出品牌"商标"，甚至能写进合同作为"重要条款"。上海液压泵厂"智慧工人"李斌的大名就发挥了上述数种功能，成了企业发展中的重要砝码，难怪今年"五一"长假他的日程表排得满满的。从这位专家型工人的名字功用，可以咀嚼出一位全国劳模的品牌"含金量"。

不善言辞的李斌，其实在企业接项目时最有"发言权"。煤科院上海分院与上海液压泵厂签订了新一轮技术协作协议书。与上一次不同，此番续签协议突出了第四条，白纸黑字写下重要条款："应煤科院上海分院要求，上海液压泵厂承诺全国劳模李斌及其领导下的李斌班组负责工艺流程的改进、精化，负责产品加工的工艺，确保产品的一流质量。"煤科院上海分院党委书记罗吉庆感慨地说："上海液压泵厂规模不算大，但与之合作我们很放心，因为这个厂有一个李斌，有一支李斌式的职工队伍。"说个人实绩，李斌在单位里的"含金量"就是顶呱呱。李斌是数控机床编程和操作专家，过去11年成功开发了5种类型、17种数控机床的加工功能，技术攻关162项，为企业创造了2 000多万元经济效益。他对每一台进口的数控机床都尽力开发各种潜能，再复杂的机床故障都能手到病除，处理解决的技术难题多达上百种。由他领衔的李斌小组30个工人，是为工厂赢取订单、扩大销售和市场占有额的"王牌"。

李斌这个劳模品牌，原先作为校名推出，比较"文绉绉"。2002年前，全国第一个以普通工人名字命名的"李斌学校"成立，第一批学员有九成获高级工技能证书。2003年，"李斌学校"升格为"上海电气李斌技师学院"，成为国家和劳动社会保障部确定的培养新一代高级技术工人的基地。如今，李斌这个劳模品牌直接走上市场"比武"，成为企业的第一品牌。上海液压泵厂的"金峰"商标在全国同行中颇有名气，但李斌的知名度在业内业外更大。

现在，不少用户特别是国家重点项目需求方，常常将“谁带头组织技术攻关”列为谈判重点内容，并将李斌班组攻关作为“特殊条款”明确写在合同里。

劳模品牌的价值在市场经济条件下迅速凸显。大量订单都冲着李斌来，国家重点项目、专用设备项目上马也离不开李斌。前不久，上海液压泵厂接到一批国家专用订单，本来因机床体系不成套，准备把产品外壳交给外单位加工，但交货期和质量是个未知数。李斌揽下任务，一头“钻”进图纸，赶时间交出了一次检验成功的机体外壳，这批产品在鉴定会上一次通过，并得到用户方追加订单。

李斌的品牌价值还不止这些。“机床、刀具，只要听说是李斌用过的，人家也要用，他都可以做产品广告了。”液压泵厂数控工段长杨定春自豪地说，“李斌出了名，成了企业一种无形资产，比广告的效应还好。人家只要听说产品是从李斌厂里出来的，就一百个放心！”厂长周国刚告诉记者，“厂里有一个李斌，工厂就有希望；有两个李斌，工厂的腰杆就硬了；有十个李斌，工厂就能振兴；有一批李斌，工厂就飞起来了！”

正是一个全国劳模品牌的多功能效应，提高了企业的市场竞争力。“李斌”二字不仅是智慧型工人的代名词，也是工厂的“金字招牌”。正因为有了上海唯一拥有工程师和高级技术职称的专家型工人李斌，在生产规模上只是全国“小三子”的上海液压泵厂，今年以来已承接了超过 3 000 万元的订单。这位温和敦厚的全国劳模的名字，还会在一个又一个合同订单中成为“特殊条款”。（来源：新民晚报 2004/05/03）

二、劳模品牌的社会价值

从历史和实践看，每个劳模，一旦成为社会认可、熟悉的名牌劳模，其品牌的力量便会产生物质的、精神的、行业的和社会的裂变效应。劳模的社会价值包括行业价值和社会价值。

（一）行业价值

从行业价值上来看，每一个劳动模范都是一名行业标兵，劳模在特定范围内代表着先进生产力水平，是一个行业甚至一个地区发展的宝贵资产。

行业价值是劳模的基础价值，也是劳模评选的基本标准。

近年来，随着经济社会的飞快发展和生产技术的不断进步，劳动者素质特别是技能素质与经济发展要求不适应、与产业结构不匹配的供需矛盾仍然突出。近些年企业出现的“用工荒”，说到底就是“技工荒”，是生产一线技能人才的严重短缺。而且从调查的情况来看，在现有技能人才队伍中，掌握单一技能的多、掌握复合技能的少，技术水平低的多、技术水平高的少。任何一件产品或服务，都是人的劳动和智力的结晶。没有一流的技工，就没有一流的产品，更没有一流的产业。虽然我们可以引进一流的设备、一流的技术，但是有文化、有技能的技术型工人是无法靠引进得到的，只有通过培养，通过职工的自身努力才能获得。

打造一支高技能的劳动大军，迫切需要劳动模范来引领劳动者从普通工人向技能工人转变，让“想干有责任、会干有技术、巧干有绝活、实干有贡献”的技术工人真正热起来、响起来、香起来，使他们精湛的职业技能成为企业扩大生产能力、提高经济效益的“催化剂”，成为职工实现人生价值、赢得社会尊重的“助推器”，这样才能更加合理地配置优质技术资源，更加公平地进行社会财富分配，更加有效地推动经济社会发展。“见贤思齐，人心思进”，其实每个人都有实现自我价值的愿望，也说明了劳模和先进典型对塑造群体形象的重要作用。我们可以充分挖掘劳模和先进典型的精神价值，扩大劳模的影响力，使广大职工普遍认同，成为职工行为规范。同时，借鉴国内众多企业经验，建立以劳模为核心的传帮带制度，如组建以劳模命名的班组、车间等，把有潜质的青年职工送到劳模身边培养，学习劳模的精湛技艺，学习劳模爱岗敬业、追求卓越、争创一流的奋斗精神，让劳模不仅能成为技能、技术拔尖的代表，更能够成为职工创新团队的领军人物。当然，企业也应加大投入，组织力量，与劳模一道，总结树立劳模的技术诀窍，形成企业技术操作规范，放大劳模品牌效应，提升行业创建水平。

全国“五一劳动奖章”获得者许振超说得好：“劳动模范的出现，往往代表一个企业、一个行业甚至一个地区的先进性，这种先进性体现在人们的思想境界和追求中，体现在企业生产管理的全过程中。”一个管理不到位、效益上不去的企业，很难产生劳动模范。三流企业靠老板，二流企业靠制度，一流企业靠文化。而企业的文化建设需要有“标杆”。标杆即具有先进性、示范性和代表性，成为在企业中学习、模仿的典型，一般包括业绩突出、知名度高、信誉好的集体或个人。标杆代表着企业的发展方向，它是企业的一面旗帜，代表着企业文化的积极要素。因此，以标杆为示范、引领和带动，会使更多的干部员工明确企业用什么样的人、树什么样的风，对抵制不良风气、扭转不良管理、树立企业良好形象都具有重要的意义。多年来，公交系统的李素丽一直为人们所赞颂；全国劳模、上航空嫂吴尔愉的微笑，全国劳模、东航李文丽精准、精细的服务都给旅客留下深刻的印象。2012 年先后成立的东航“李文丽劳模团队创新工作室”和上航“吴尔愉劳模团队创新工作室”，将劳模服务精神、劳模品牌效应不断扩大，发挥劳模在企业创新驱动、转型发展中的示范引领作用，为扩大企业品牌的推广作出表率，也推动了行业的健康发展。

（二）社会价值

劳模之所以能够成为引领社会的一面旗帜、劳动文化的一个品牌，不仅在于其立足本职创造的物质财富，更在于他们用自身形象创造的精神财富。劳模身上所体现出来的社会风尚、创造出来的伟大精神，是劳模最为根本、最深层次的社会价值。无论社会如何变迁，劳模的精神定位不会变，劳模的社会价值不会变。劳模要实现行业价值向社会价值提升，就必须从行业标兵向社会标兵转变，在向社会传授职业技能、贡献知识资本的同时，更要向社会输出精神动力、提供学习标本。也只有用榜样的力量激励经济价值的创造，靠自身的形象促进文化价值的提升，以崇高的精神树立社会价值的导向，才能真正实现劳模的根本价值，让劳模树得起、立得住、叫得响。

现在有一些人经常拿市场经济的思维模式来衡量人生的价值，以为那些发了大财、做了大官或出了名的人，才是最成功的人，而那些坚守在生产第一线的劳动模范和先进工作者，都属于入不敷出的“傻干”。受此影响，人们的劳动观念逐渐偏离了朴素的价值观，用双手创造生活，用劳动实现梦想的信念遭遇严重冲击。“萝卜招聘”“贪污腐败”掠去辛勤耕耘者的希望；一夜成名、投机致富动摇了苦心坚守者的信念；青年人择业求轻松怕辛苦、求稳定怕挑战，向钱权靠拢，追求生活享乐，勤奋劳动的美好品质被遗忘在角落。在这样的思想影响下，有一些人不愿意脚踏实地做事，只想着当大老板、做大明星，一鸣惊人，飞黄腾达。种种现实让我们深感重塑国人的劳动价值观，坚定国人对梦想的信念之必要和迫切。

劳动是推动社会进步的根本力量，也是人们日常生活的基础，因此，劳动与光荣和梦想并肩。2013 年 4 月 28 日，习近平总书记在同全国劳动模范代表座谈时指出："劳动是财富的源泉，也是幸福的源泉。人世间的美好梦想，只有通过诚实劳动才能实现；发展中的各种难题，只有通过诚实劳动才能破解；生命里的一切辉煌，只有通过诚实劳动才能铸就。"①2015 年 4 月 28 日，习总书记在庆祝"五一"国际劳动节暨表彰全国劳动模范和先进工作者大会上的讲话中指出："中华民族是勤于劳动、善于创造的民族。正是因为劳动创造，我们拥有了历史的辉煌；也正是因为劳动创造，我们拥有了今天的成就。"②

而劳动正是劳模精神的基石。劳模精神在任何时代都是一笔最重要的财富。建国初期，辽宁鞍钢的孟泰，其爱厂如家的主人翁精神，被誉为"孟泰精神"，对亿万职工群众产生了广泛深刻影响，激发了全国人民的爱国热情。50 年代的全国劳模时传祥"宁肯一人臭，换来万户香"的高尚精神，受到了全社会的尊重，为克服世俗偏见作出了积极的贡献。60 年代的全国劳模王进喜，自力更生、艰苦奋斗的"铁人精神"，体现了中国工人阶级的志气。身残志坚的张海迪，以顽强的毅力克服病痛和困难，将一部部文学作品奉献给社会，阐释生命的意义，对几代人产生了积极影响。这些著名劳模以自己的模范行为和崇高思想，影响着全社会，激励着亿万职工……先进思想的武装、共同理想的激励、民族精神的传承、时代精神的塑造、价值观念的校正，都注入了劳模精神的形成过程之中，都成为劳模精神的构成要素。

弘扬劳模精神就是在宣告，劳模精神是建设中国特色社会主义的强大

---

① 习近平在同全国劳动模范代表座谈时的讲话(2013 年 4 月 28 日)，参见 http://www.gov.cn/ldhd/2013－04/28/content_2393150.htm? isappinstalled＝1

② 习近平在庆祝"五一"国际劳动节大会上的讲话(2015 年 4 月 28 日)，参见 http://www.xinhuanet.com/politics/2015－04/28/c_1115120734.htm

精神力量，集中体现了社会主义核心价值体系的要求。今天，宣传继承劳模精神，把劳模精神做成品牌，以品牌为载体，强化它的社会价值，并将这笔无形资产变为有形资产，使劳模精神与市场经济规律在理念上成功对接，既保留和丰富了劳模精神的传统精华，又赋予它强大的生命力，已成为引领时代精神的典范和旗帜。但是，在创建“劳模品牌”的同时，要防止动机不纯的商家的恶意炒作。有关方面要出台强有力的政策和措施，保护好稚嫩的“劳模品牌”。无论怎样，“劳模品牌”的内涵不能变，那就是强烈的主人翁责任感、爱岗敬业、立足本职、无私奉献、团结协作、积极进取、勇于创新、争创一流的精神。

三、劳模品牌价值的开发

劳模品牌的价值虽然很大，但目前社会对劳模市场价值的挖掘还处在初始阶段，缺乏系统的理论研究与指导。劳模品牌缺乏长远规划，没有形成系列化产品，品牌效应的发挥在深度和广度上都不够深入。因此，劳模品牌价值的开发刻不容缓。在劳模品牌价值的开发上，我们应注意以下原则。

（一）适度性原则

劳模不仅是以其劳动，更以其道德品质和人格魅力而被认同和尊重，其社会价值远远胜于经济价值。这就决定了在开发劳模品牌价值时必须坚持适度的原则，不能过分商业化。

2004 年，曾经显赫一时的“徐虎物业经营有限公司”悄无声息地更名为“威斯特物业经营有限公司”。徐虎是谁，上海人应该不会陌生，而看似毫无意义的“威斯特”，则是英语 west（西方）的音译。更名启事中解释，“徐虎物业”的更名是“为适应上海国际化大都市的建设需要，加快物业管理的社会化、专业化、市场化步伐，建立一整套符合国际惯例和社会特点的物业管理运作机制和体制”。

毋庸置疑，“徐虎物业”至今仍是上海滩上的一块金字招牌，哪个经营者肯轻易“忍痛割爱”？是“徐虎精神”已经不合时宜了吗？是徐虎的技术理念已经跟不上物业管理的“社会化、专业化、市场化”步伐了吗？如果是的话，改名字能解决这些问题吗？更名启事上的寥寥数语似乎无法回答这些疑问。而新闻调查也表明,不管是物业公司、上级部门,还是劳模本人,对这次改名都不愿多谈。不同专家也有不同的看法。复旦大学广告学系教授俞振伟认为,劳模品牌是种很好的市场尝试,但需要运用各种现代营销手段来提高它们的竞争力。改名字,也算一种尝试。于海教授则认为,可能是西部集团和徐虎之间存在利益纠纷。西部集团可能认为改换品牌所带来的价值风险小于纠纷利益。但是,当年“冲着徐虎物业来的”住户对此却不太满意,因为改了个洋名字,服务也没什么提高。每个人在不同的阶段都面临着再发展的问题,先进人物更是这样。荣誉既给人带来了掌声和鲜花,同时也可能给人以无形的压力。这一切,对当了快30年劳模的余孝德来说,体会尤为深刻。如今,余孝德靠劳模品牌接工程并不难,但他却坚持不转包工程,因为他认为品牌的价值远远高过金钱。

劳模品牌要坚持适度化的开发原则,并不是否定劳模个人的合理合法利益,相反,在开发劳模品牌时,我们要注重劳模个人利益的合理实现和满足。由于种种原因,过去人们在某种程度上曲解了“劳模”。在他们看来,劳模必须默默无闻,必须无私奉献,劳模是一群用特殊材料铸成的人,反正吃亏惯了,再吃亏一回,也理所当然。而很多劳模似乎也这么认为,特别是老一代劳模,由于企业改制等原因,有些劳模的生活受到一定程度的影响,但他们不敢提要求,一直在荣誉下承受着牺牲。其实这是认识的误区,这种拔高对劳模的要求却贬低劳模个人权利的现象,与评选劳模的初衷是不相符的。无论是劳模本人还是社会大众,都应从误区中走出来,用更科学、更人性的眼光去认识劳模,而不能拿一个放大的道德标尺去衡量劳模。先进工作者和劳动模范都是先进生产力的代表,他们的榜样作用感召着一代又一代的劳动者。然而,劳模也是人,需要正当的利益,我们应以科学、人性的思维对待劳模。党的十六届四中全会提出了构建社会主义和谐社会的要求,强调必须全面贯彻尊重劳动、尊重知识、尊重人才、尊重创造的方针。关爱劳模就是践行“四个尊重”,有利于构建和谐社会。习近平总书记在2013年劳模座谈会上,也提出让劳动者实现体面劳动。我们要关心劳模的工作、学习和生活,推动全社会进一步形成尊重劳模、爱护劳模、学习劳模、争当劳模的良好风尚;要给劳模减压,避免其“过劳”,从而保证劳模资源配置的最优化，实现劳模价值的最大化。

（二）持续性原则

从个人示范带动到品牌效应，从个人力量到品牌力量，绝对是上了一个台阶。毕竟，个人的力量是很有限的，个人所带动的，也只能是周围几个、最多几十个同事。而一旦一个品牌建立起来，影响的人就更多了。同时，“劳模品牌”的创建绝不仅仅是在柜台前摆放一个“全国劳模××”的牌子，甚至不该是特定的那一个劳模，除此之外后继无人。因此，我们要注重品牌可持续性发展，保持品牌的长效机制，确保品牌不会因某个人退休或调走而中断，并且突破小单位的范围，打破各自为政的局限，将品牌做大做强。

保持劳模品牌的可持续性，应该主动把劳模品牌融入企业文化。企业文化是企业干部员工在长期生产、生活、企业发展沿革中形成的既有企业特色又有激励机制的文化理念和文化体系，企业文化对外能够较好地展示企业良好形象，对内能够激发员工的责任感和使命感。没有企业文化，就谈不上企业的核心竞争力。先进的企业文化能够提高效率，减少费用支出，节约成本，提升品牌含金量，增加产品的价值，从而增强企业竞争力。良好的企业文化将对本企业的发展产生积极的促进作用。而劳模产生于企业，劳模忘我的劳动和奉献精神又是推动企业发展的强大动力。因此，将劳模品牌融入先进的企业文化，既可保留和丰富劳模精神内涵的传统精华，又能赋予它强大的生命力，强化劳模精神的社会价值，为企业文化积淀丰富的内涵，使其成为弘扬企业文化的主旋律，成为企业精神文明建设的第一品牌。

同时，保持劳模品牌的可持续性，还应将劳模的价值与时代的发展和价值取向紧密相连，唯有如此，才能体现出劳模的先进性，起到模范带头作用。在市场经济条件下，发展生产力是第一要务，因此，成为先进生产力的代表，推动先进生产力的发展，应该是新时代劳模素质的基本内核，也是劳模文化发展的基本价值取向。在劳模的培养和使用上，上海将重点锁定在引导劳模置身社会和时代发展的洪流之中，推动先进生产力的发展。针对近年来传统产业工人存在着不同程度的失落感和工人队伍技术素质下降、技术工人匮乏的实际，上海把弘扬劳模精神的主要方向定位于增强广大职工的职业精神和技术技能素质的提升上，强调新时期的劳模既要站在专业领域的前沿，又要保持无私奉献的精神；既要爱岗敬业，又要敢于创新，不断进取。在产业工人大幅度提高素质的进程中，劳模精神唱响了时代发展的主旋律。

（三）客观性原则

劳模表彰既是对劳模奉献精神和劳动者"劳动价值"的肯定，又是构建国家意识形态的体现。客观地说，劳模形象建构是政治社会化的一部分，其最终目的就是要通过宣传劳模形象来影响和引导民众的思想，支配人们的行为，维护政权稳定，推动国家目标的实现。但是，劳模形象与国家意识形态的胶合与同构在某种程度上减弱了劳模人物的活力。因为曾经在对劳模形象的塑造和宣传上，劳模无一例外的都是"纯而又纯""顶天立地""光芒四射"的光辉形象，劳模人物都是社会发展的主宰和扭转乾坤的力量，一些劳模人物并不是真正来源于现实生活，而是从观念出发，人为地净化和拔高，丧失了劳模作为普通人的真实性。

从这一问题的反思中我们认识到，作为沟通国家意识与民众意识的桥梁，劳模的建构过程不仅要接受国家意识的领导，还必须参照民众意识的需求。只有取得民众的认可和认同，劳模群体才能真正实现国家利益的最大化，实现劳模群体价值的最大化。而要获得群众认可，就必须讲究客观、真实。

上海市总工会将劳模作为品牌来树立和宣传，通过大型歌会、五一晚会、新闻媒体、地铁宣传廊和介绍"劳模年度人物"先进事迹的报告集《闪光的群体》等多种途径广泛宣传，在宣传劳模时注意讲究科学性，反对片面性。总工会的一位负责人说，"对他们的事迹不可求全，也不可拔高，要符合客观实际。否则，事与愿违，影响了宣传效果，脱离职工群众，反而降低了威信。""要让大家感到：劳模就在我身边，劳模精神处处在。"这种做法得到了社会的广泛赞誉，赢得了深厚的社会基础，进一步促进了劳模的认同和品牌影响力的提升。

第五章

日新月异——劳模精神的时代价值取向

第一节　劳模精神与中国梦

劳模作为工人阶级中旗帜般存在的群体，他们身上都闪烁着爱岗敬业、争创一流的自强光彩，饱含着艰苦奋斗、勇于创新的时代气息，浸润着淡泊名利、甘于奉献的传统美德，中国特色社会主义建设取得的每一项巨大成就，都凝聚了广大劳模卓越的劳动创造。劳模以开拓者的佳绩共创中国梦，以创新者的姿态拥抱中国梦，以领跑者的步伐解读中国梦。

一、劳模精神是实现中国梦的强大精神力量

中国梦的目标是实现中华民族的伟大复兴，内涵为国家富强、民族振兴和人民幸福。十九大上，习近平总书记指出，“今天，我们比历史上任何时期都更接近、更有信心和能力实现中华民族伟大复兴的目标。”行百里者半九十，圆梦之路绝不是轻轻松松、敲锣打鼓就能实现的。实干兴邦，在新时代中国特色社会主义的伟大实践中，需要凝聚起同心共筑中国梦的磅礴力量。

历史唯物主义认为，社会存在决定社会意识，社会意识是社会存在的反映。中国梦是对愿景的期盼和追求，是对中国历史和经济社会存在的反映和

时代呼唤。实现中华民族伟大复兴是近代以来中华民族最伟大的梦想，在新时代有了更详细的实现路径。“中国梦”概念的正式提出是2012年11月29日，中共中央总书记习近平在国家博物馆参观“复兴之路”展览时，第一次阐释了“实现中华民族伟大复兴，就是中华民族近代以来最伟大梦想”。“中国梦”的核心目标也可以概括为“两个一百年”的目标，也就是到2021年中国共产党成立100周年时，全面建成小康社会；到2049年中华人民共和国成立100周年时，建成社会主义现代化国家，具体表现是国家富强、民族振兴、人民幸福。2013年3月17日，十二届全国人大一次会议闭幕会上，新当选的中华人民共和国主席习近平表示，中国梦的实现路径“必须走中国道路，必须弘扬中国精神，必须凝聚中国力量”。

2013年4月28日，习近平总书记与全国劳动模范代表进行座谈，共话中国梦，讲话高度评价革命、建设、改革各个历史时期广大劳模作出的杰出贡献，深刻阐述了坚持工人阶级领导阶级地位、崇尚劳动、弘扬劳模精神对实现中国梦的重大意义。习总书记指出，在实现中国梦的征程上必须充分发挥工人阶级的主力军作用，必须紧紧依靠工人阶级发展中国特色社会主义，必须坚持崇尚劳动、造福劳动者，必须大力弘扬劳模精神、发挥劳模作用。这一重要论述，是对劳模精神时代价值的充分肯定，正确认识劳模精神的实质和社会功能，深刻理解劳模精神的历史贡献和时代价值，对于发挥劳动模范和先进工作者的引领作用，弘扬中国精神和凝聚中国力量，实现党的十八大提出的“两个一百年”的奋斗目标，实现中华民族伟大复兴的中国梦，具有重要而深远的理论意义和实践意义。

一切美好梦想的实现，都需要强大的精神激励，都需要付出不懈的艰苦努力。实现中国梦，不仅要在物质上强大起来，更要在精神上强大起来。劳模精神是民族精神和时代精神的重要内容，是中国工人阶级伟大品格的发扬，也是中国精神不断吸纳新能量的结晶。在各个历史时期涌现出来的劳动模范，虽然行业不同岗位各异，但都有着共同的特质，那就是他们是我们身边一个个身份普通、岗位平凡、业绩突出的劳动者，他们以高度的主人翁责任感、卓越的劳动创造、忘我的拼搏奉献，始终走在工人阶级和劳动群众的前列，享有崇高声誉，备受人民尊敬。中华人民共和国成立后，“高炉卫士”孟泰、“铁人”王进喜、“两弹元勋”邓稼先、“知识分子的杰出代表”蒋筑英、“宁肯一人脏、换来万人净”的时传祥等一大批先进模范，响应党的号召，带动广大群众自力更生、奋发图强。王进喜以“宁肯少活20年，拼命也要拿下大油田”的气概，带领石油工人为我国石油工业发展顽强拼搏，“铁人精神”“大庆精神”成为激励各族人民意气风发投身社会主义建设的强大精神力量。在改革开放历史新时期，“蓝领专家”孔祥瑞、“金牌工人”窦铁成、“新时期铁人”王启明、“新时代雷锋”徐虎、“知识工人”邓建军、“马班邮路”王顺友、“白衣圣人”吴登云、“中国航空发动机之父”吴大观等一大批劳动模范和先进工作者，干一行、爱一行，专一行、精一行，带动群众锐意进取、积极投身改革开放和社会主义现代化建设，为国家和人民建立了杰出功勋。弘扬劳模精神，就是要弘扬劳模这种爱岗敬业、踏实肯干、甘于奉献的务实作风；弘扬他们维护大局、锐意改革、敢抓敢管的责任意识；弘扬他们艰苦奋斗、自强不息、勇于创新的人格魅力；弘扬他们勤学苦干、顽强拼搏、争作贡献的创业精神。这种精神成为推动我们前进的原动力，引领着无数人战胜苦难、不懈创新、勤勉开拓，在实现中国梦的伟大征程中，无论是发展壮大经济实力，还是丰富人的精神世界，劳动模范的榜样力量都是无穷的。

力量来源于信念。弘扬劳模精神，有利于激发广大干部群众的集体主义荣誉感，正确处理义与利、奉献与索取、个人与集体之间的关系；有利于激发人们的历史使命感和责任感，自觉把人生理想、家庭幸福融入国家富强、民族复兴的伟业之中，把个人梦与中国梦联系在一起，为坚持和发展中国特色社会主义贡献智慧和力量。中国梦是时代的召唤，中国梦从本质上而言是中华民族近代以来民族梦想的延续与发展，也是中国人民单个具体梦想的凝练与提升，背后有着对中国社会发展客观要求的深刻把握，以及对人民群众期待的真切回应。中国梦的最大特点就是把国家、民族和个人作为一个命运的共同体，把国家利益、民族利益和每个人的具体利益都紧紧地联系在一起。劳模具有强烈的历史使命感、责任感，立足本职、胸怀全局，恰恰暗合了把个人梦与中国梦紧密联系在一起的应有之义。

案　例

给劳模一个舞台——劳模创新工作室

劳模创新工作室不仅为劳模发挥作用搭建了平台，而且可以让劳模品牌叫得更响，吸引越来越多的职工汇聚到劳模精神的旗帜下。截至2012年，上海市以劳模或五一劳动奖章获得者姓名命名的劳模创新工作室已发展到228个。例如，教育行业为优秀劳模教师建立"创新工作室"，以名优"品牌"引领教育改革与发展。奉贤区解放路幼儿园园长尤丽娜，是上海市特级校长、上海市劳模。她在学前教育专业方面的"绝招"，如何为更多青年教师所共享？教育工会支持成立的"尤丽娜劳模创新工作室"，聘请了全国劳动模范、市教育功臣郭宗莉等5位专家担任导师，奉贤区实验幼儿园、绿叶幼儿园等一批骨干教师为"学员"加盟。这个劳模工作室团队承担的国家级课题《多媒体技术下虚拟社区幼儿园的实践研究》，首创了"虚拟社区幼儿园"和"网上园长信箱"，捧回全国"十一五"课题研究优秀成果奖。截至目前，从"尤丽娜劳模创新工作室"已走出全国优秀教师、市模范教师、市幼儿园十佳中青年教师等30余名。

据统计，为发挥"品牌教师"在教学、科研、管理中的带头作用，教育领域首批17个劳模创新工作室已涌现了一批成果。如，为解决学生专业与职业对接不畅，同济大学城规学院周俭教授领衔工作室探索"建筑与城乡文化遗产保护"职业型人才培养模式，让学生在校企合作创新实习基地中锻炼本领。又如，上海体育学院陈佩杰教授主持的"运动健身科学工作室"，编写《社区居民健身指南》，已成为国内首套系统指导社区居民科学健身的系列丛书，主持建成的运动健身科学馆是国内首个集科研、教学与科普于一身的运动健身主题馆。

这个为劳模搭建的创新平台，对支持劳模搞好"传帮带"，把他们掌握的技术、业务专长和绝招绝活传授给职工群众，为提高职工技能水平、加强职工队伍建设，起到了有效的推动作用。

二、劳模以主人翁的姿态为实现中国梦创造了巨大经济价值和社会效益

中国梦是国富民强的梦。劳动是财富的源泉，劳模是创造一流业绩的劳动者，是企业的宝贵财富，是企业技术攻关的主力军，为企业创造了显著的经济社会效益。

全国五一劳动奖章获得者胡恒法，负责研制、开发具有自主知识产权的“高强度低碳贝氏体复相(细晶铁素体)热轧薄板”，申请了3项专利，已成功应用于国家重点工程——上海东海大桥防撞护栏，达到了国际同类产品的先进水平，目前已经创造直接经济效益1 000多万元。他还先后开发了一号至五号不同类型的抗高温、耐磨、耐蚀合金，负责完成科研及技术攻关项目十多项，申请国家专利8项，6项已经授权，先后获上海市优秀发明专利三等奖、二等奖，全国十五届发明展银奖，累计创造经济效益6 000万元以上。

上海市十大职工科技创新英才之一的李山青，扎根科研第一线，多年来在冷轧轧制技术上开展了大量研究，曾经负责承担的科研项目共25项，取得53项专利(其中发明专利39项，国际专利1项)和27项企业技术秘密，打破国外技术壁垒，开发拥有自主知识产权的一系列板形技术，板形质量达到国际一流，为低成本、高质量生产作出重要贡献，累计创效益约3亿元。

上海摩晶实业集团有限公司总工程师石永明，全国五一劳动奖章获得者、上海市劳模，带领公司技术人员开展材料研制、生产设备研制改造、机械装置的研制、工装夹具的研制、换向治理技术与施工方案工艺技术及应用维保技术的开发及应用，并实装试验成功，解决了我军某兵种某重大设备入列以来，一直困扰着该型装备作战能力的发电设备换向发电负荷能力问题，挽回直接经济损失约85亿元人民币。

不断壮大劳模团队，可以为企业切实解决生产技术难题，加速创新成果转化，带来显著的经济效益；不断发扬劳模精神，可以为企业更有效地激发团队合力，集聚高技能人才，创造更多的科技成果、更大的效能利润，实现企

业的创新、提升、发展。

案　例

与企业共成长——蒋工圣

盛东公司蒋工圣总经理，出生于一个普通的工人家庭，他的名字是父亲起的，出处就是蔡元培所说的“劳工神圣”，蔡元培说：“出劳力以造成有益社会之事物，无论所出为体力，为脑力，皆所谓劳工。故农、工、教育家、著述家，皆劳工也。”工圣，就是父亲希望儿子将来成为一个优秀的工人。“即使现在干管理、做领导了，但是本质上我觉得自己还是像个工人，喜欢在码头上拼命工作。”蒋工圣如是说。据介绍，蒋工圣自1975年中学毕业进入上海港务局工作，从最基层的装卸工做起，一直没有离开港口码头，已经40多个年头了。黄浦江是最初孕育他事业的摇篮，并由长江继而走向东海，从中绘制着他的人生蓝图。2005年，蒋工圣不辱使命，承担起洋山深水港一、二期码头的经营重任，这是一个国家战略工程，是建设上海国际航运中心的核心项目，作为世界上唯一建在外海岛屿上，离岸式、全球规模最大的现代化集装箱单体码头之一，洋山保税港区自然受到世界瞩目——可以说，蒋工圣是与上海港一起成长的，是上海港口跨越发展的见证人。“劳动最光荣，这一本质永远不会变。”蒋工圣总是这样说，更是这样身体力行的，并由此成长为新时代的全国劳模。有趣的是，他的妻子也是劳模，他们在上海市工人中等文化学校总工会“劳模班”上成为同学而碰出火花，缔结“秦晋之好”，现在他们有一个事业有成的女儿。蒋工圣歉意地说，盛东创建的2005年，正逢女儿高考，当时他经常住在岛上，没有办法关心她。后来，女儿来电：“爸爸，我要上岛来探亲了。”对此，蒋工圣总觉得有些愧对女儿，但是，洋山是他的使命，是他安身立命之所在。

2006年开港当年，蒋工圣就以完成323.6万标准箱的经营业绩而创造了世界建港史上的一个奇迹。而后短短的8年多，蒋工圣带领员工用实干及汗水将洋山一、二期码头这座新崛起的集装箱码头建设成全球瞩目的东方大港——2013 年完成集装箱吞吐量 760.14 万标准箱，占整个上海港集装箱吞吐量的 22.6%，水水中转比例为 50.6%，高于上海港 5.2 个百分点。更令人惊奇的是，截至洋山开港 8 年时，公司连续 7 次刷新集装箱装卸世界纪录，实现利润累计超过 50 亿元，被授予“中国港口前十强码头”等数项荣誉。而蒋工圣以其卓越的企业经营业绩和特殊贡献，成功当选为浦东新区人大代表、市总工会第十三届委员会委员，先后被授予“中国经济百名杰出人物”“全国劳动模范”“市劳动模范”“中国卓越企业家”“市优秀共产党员”等荣誉称号。

三、中国梦激发劳动热情与创造潜能，劳动托起中国梦

崇尚劳动、尊重劳动价值是马克思主义的重要价值观。崇尚劳动、造福劳动者，表明了中国梦的价值支撑，它让每个劳动者都能够通过诚实劳动、勤奋劳动、创造性劳动，共同享有人生出彩的机会，共同享有梦想成真的机会，共同享有同祖国和时代一起成长与进步的机会。劳动是人之为人的基础存在方式，是社会历史的深刻本体，也是实现中国梦的根本力量。实现中华民族伟大复兴的中国梦，需要依靠劳动、尊重劳动、倡导劳动。历史唯物主义认为，劳动创造了人，劳动成就着人，劳动是人与动物的本质区别所在。“个人怎样表现自己的生活，他们自己就是怎样，因此，他们是什么样的，这同他们的生产是一致的——既和他们生产什么一致，又和他们怎样生产一致”[①]。劳动是实现人类自由解放的现实途径，中国梦归根结底还是中国劳动人民的梦。历史唯物主义之所以特别重视劳动，不仅因为劳动是社会财富的基础，更重要的是因为劳动对于人的生成和自由解放的意义。历史唯物主义在劳动及其历史辩证法中找到了实现自由的根据和现实途径，认为“自由王国只是在必要性和外在目的规定要做的劳动终止的地方才开始；因而按照事物的本性来说，它存在于真正物质生产领域的彼岸”[②]。

中国梦承载着全中国劳动人民的希望和寄托，这个梦能否实现，与每个

① 马克思、恩格斯：《马克思恩格斯选集(第 1 卷)》，人民出版社，2005 年版，第 67、68 页。

② 马克思：《资本论(第 1 卷)》，人民出版社，2005 年版，第 928 页。

劳动者的理想和信念、努力和奋斗密切相关。不是每一个梦想都是那么伟大,可以载入史册,流传后世,但是每一个大梦想必定是由无数个小梦想组成的,也就是我们基层劳动者的个人职业梦。钢铁达人王康健是宝钢股份公司冷轧厂轧钢技能专家、全国五一劳动奖章获得者、国家科技进步二等奖、中国国际发明展览会大奖和金奖获得者,他的职业梦想是:领略巅峰技术,创造一流产品,为最有梦想和追求的用户服务。追月逐梦人张秀忠是中国科学院上海天文台研究员、VLBI 技术实验室首席科学家、全国五一劳动奖章获得者、2012 年国家科技进步特等奖获得者,他的职业梦想是:能有更多的原创科技成果奉献给世界。微笑天使蔡蕴敏是复旦大学附属金山医院护士、国际造口治疗师、全国卫生系统先进工作者、2013 年感动上海年度十大人物、上海市"五十佳"护士,她的职业梦想是:让生命活得有尊严。上海老师傅杨庆华是国网上海检修公司输电检修中心专业工程师、高级技师、全国五一劳动奖章获得者、上海市十大工人发明家,他的职业梦想是:输电线路专业的工器具都能轻便、安全,减轻工人的劳动强度。光明使者张兴儒是上海中医药大学附属普陀医院副院长兼眼科主任、全国卫生系统先进工作者、2013 年全国第四届道德模范提名奖、上海市优秀共产党员、2013 年感动上海年度十大人物、上海市十大杰出志愿者,他的职业梦想是:期待为更多人带去光明。民警邹克耀是上海市公安局虹口分局四川北路派出所民警、全国五一劳动奖章获得者、上海市十大平安卫士、上海市十佳社区民警,他的职业梦想是:让我的居民早日告别棚户区,住上新工房。华东政法大学教授、博导刘宪权是全国先进工作者、中组部"万人计划"教学名师、国家级教学名师、上海市教育功臣、上海市教书育人楷模,他的职业梦想是:成为"90后""00 后"大学生的偶像,教好书,育好人。劳动推动社会进步,实干才能成就梦想,中国梦,因汇聚了人民对美好生活的向往而格外生动,因凝结着每个人对人生出彩机会的渴望而分外鲜活。中国梦是个人梦的坚实承载,个人梦又是中国梦的坚实依托。

劳有所得,干有所值,劳动光荣、劳动致富是劳动者的信念与追求。马克思说:"社会生产力(也可以说劳动本身的生产力)的任何增长,例如,科学、发明、劳动的分工和结合、交通工具的改善、世界市场的开辟、机器等,都不会使工人致富，而只会使资本致富。”[①]亚当·斯密在《道德情操论》中有一句经典名言：“如果一个社会的经济发展成果不能真正分流到大众手中，那么它在道义上将是不得人心的，并且是有风险的，因为它注定会威胁到社会的稳定。”[②]目前，实现中国梦的主要任务就是关注劳动起点的公平，践行机会平等，遵守按劳分配原则，保护劳动者的利益。亚当·斯密说：“富之路，即德之路。”中国梦之路，即劳动价值实现之路，只有劳动者获得其应得，让劳动体现应有的价值，让“劳动光荣”再次唱响，让劳动者获得应有的尊严，让劳动能托起个人梦想，经济发展才是良性的，社会发展才是正义的，中国梦才能实现。

中国梦的提出与劳模精神的弘扬，恰恰体现了国家在造就劳动光荣的观念，培养劳动神圣的信念，鼓励诚实劳动、勤奋劳动、创造性地劳动。一个合理、开放、公正的国家在社会流动上提供平等的机会和上升的空间，鼓励每个劳动者通过自己的能力和拼搏去获得自己梦想的社会经济地位，而不是靠家庭出身和其他“先赋机制”来获得。劳动者上升流动渠道的畅通，让真正付出努力、能干事、愿干事、长期在一线的劳动者得到晋升，可以直接改变、改善劳动者阶层的生活状况，增加其安全感和满足感。当这种良性竞争成为普遍的社会意识时，就会成为中国梦的重要基石。尊重和保护一切有益于人民和社会的劳动，让这些劳动者都能获得平等的权利和公正的对待，让劳动者都能得到社会尊重，更利于激励全国人民为实现国家富强和民族振兴而团结奋斗，更有利于实现中华伟大复兴的中国梦。

案　例

“中国爱迪生”蔡祖泉实干筑梦之路

著名的工人科学家、中国电光源领域的开拓者、复旦大学教授、“中国爱迪生”……这些都不足以概括蔡祖泉的一生。在他的手上，诞生了我国第一

① 马克思、恩格斯：《马克思恩格斯全集》，人民出版社，1979年版，第46卷(第一册)。
② (英)亚当·斯密：《国民财富的性质和原因的研究(上卷)》，商务印书馆，1972年版。

氙氢灯、高压汞灯、氪灯和长弧氙灯，我们生活的世界处处被他照亮……

蔡祖泉，1924 年 11 月出生，浙江余杭人，我国著名电光源专家，有“中国爱迪生”之称，历任复旦大学教授、副校长，上海市科协副主席等职。

20 世纪 60 年代，蔡祖泉创建了我国第一个电光源实验室。他相继研制成功了我国电光源史上第一个氢灯、第一个高压汞灯、第一个氪灯、第一个长弧氙灯等 10 余类照明光源和仪器光源，大大缩短了我国电光源研究水平与国际上的差距，曾获国家科技进步奖、国家发明奖等多项奖励。

“从工厂学徒到大学教授”

和爱迪生一样，蔡祖泉最初也是从一名学徒工走上光源研究的道路。抗日战争时期，年仅 16 岁、只有小学三年级文化的蔡祖泉到中法药厂（延安制药厂）玻璃制造车间当学徒，在那里从事了 10 年的玻璃制造工作，并参加了中共地下党。他曾协助几位大学教授从事药剂实验工作，后来，上海交通大学物理系建设 X 光管实验室，周同庆和方俊鑫教授希望将他调去协助工作。

1951 年，在上海市的一次座谈会上，一位教授向陈毅市长递了张条子，认为蔡祖泉对玻璃真空有研究，应该调入大学工作。在陈毅的过问下，很快，工人出身的蔡祖泉调到上海交大，担任技术员。1952 年院系大调整，他又被调到复旦，继续从事 X 光管的研发工作，并负责玻璃和金属铜圈的焊接技术攻关、X 光管的玻璃封接和对玻璃真空系统的维护。

1955 年，在周同庆的领导下，我国独立研发成功了第一支 X 光管，填补了国内市场技术的空白，年仅 30 岁的蔡祖泉受到莫大的鼓舞和启发。他看到研发 X 光管的真空系统主要设备都要依赖进口，便立志走出自己的创新之路。经过他的钻研，1956 年，我国第一只立式三级玻璃油扩散泵试制成功，随即又研制出了麦克劳水银真空斗。这些技术和设备的研制成功，为后来新型电光源的开发、研究和生产打下了基础。

蔡祖泉曾希望读大学，并考上了南京工学院，但因为工作需要，没有读成。他一生的科研知识，全靠坚持不懈的自学和实践。

“我听党的话，灯听我的话”

“我听党的话，灯听我的话”，在复旦大学，许多人都知道蔡祖泉的这句名言。

建国伊始，中国尚不能自主生产灯泡，电光源研究领域更是一片空白。上世纪60年代，蔡祖泉创建了我国第一个电光源实验室，开始了该领域的系统研究。我国第一盏氢灯、第一盏高压汞灯、第一盏氪灯、第一盏长弧氙灯等一系列成果陆续从他手上诞生。可以说，中国电光源业从无到有、从小到大，直至今天达到极高水平，蔡祖泉功不可没。

1961年，蔡祖泉着手研制国内的第一盏光源——高压汞灯。同年，复旦大学电光源小组成立。当时的中国面对的是国际上的经济封锁，苏联专家撤走，技术和原材料全靠自力更生。高压汞灯玻璃与金属接口的地方需要很薄的钼片，国内无法生产，蔡祖泉带着科研人员硬是用打铁的方式，把厚钼片一层一层地敲薄。

他开发的新光源、新灯，让中国人的生活从此得以改变。当年高压汞灯"亮相"以后，夜晚的上海南京路从此告别昏黄的老式路灯，变得明亮璀璨；如今的中年人还对上海人民广场上的"小太阳"——"长弧氙灯"记忆犹新，当年，这盏100千瓦的"小太阳"点亮时，曾引起巨大轰动，被称为中国人的"争气灯"，发明者蔡祖泉也因此出名，有了"中国爱迪生"之称。为制作玻璃和金属接口处必须使用的耐高温银焊条，蔡祖泉用的是家里的银圆。

20世纪60年代初，我国新闻记者用的是如排球般大小的老式放炮型新闻灯。为了争口气，1963年，蔡祖泉开始着手研制"自己的新闻灯"，半年后，中国成功挥别老式新闻灯，生产出仅有钢笔大小的碘钨灯。

"能活多久，就工作多久"

20世纪80年代之后，蔡祖泉的科研工作进入一个全新的发展时期。他积极参加国际光源与照明的学术交流，多次出席国际性科技研讨会议，及时将国际上最新专业信息传给国内企业。同时，针对现代化经济建设的需要，在成功研制新光源的基础上，他更加注重进行二次开发——工程化开发的研究，使科研成果迅速转化为生产力。

1984年，蔡祖泉提议在复旦开设光源与照明工程专业，如今，这个经教育部批准的在高校设立的唯一的光源与照明工程专业，已培养出无数优秀人才。1987年，本着强烈的使命感，他与其他科学家创立了中国照明学会。

面对已有的辉煌成就，蔡祖泉仍未间断自学，学生常能在清晨的校园中看到他背英语单词的身影。卸任后，蔡祖泉仍坚持科研，每年都能做出一两个专利。

人们都说，蔡祖泉是个一刻也闲不住的人。他常笑着回答："爱迪生到晚年仍坚持发明研究，我也得能活多久，就工作多久。"

第二节　劳模精神与社会主义核心价值观

社会主义核心价值观是当代中国精神的集中体现，凝结着全体人民共同的价值追求。社会主义核心价值观倡导富强、民主、文明、和谐，倡导自由、平等、公正、法治，倡导爱国、敬业、诚信、友善。这一方面为培育和践行社会主义核心价值观提供了基本范畴，另一方面也进一步明确了提炼、概括社会主义核心价值观的基本原则。社会主义核心价值观是社会主义价值体系的精神内核及其遵循的根本原则，可以从价值层面为深入回答社会主义的本质特征提供根本价值遵循，在具体利益矛盾、各种思想差异之上最广泛地形成价值共识，为国家建设和社会发展提供先进的、根本的价值导向和理想信念，提供明确的、稳定的价值依据和评判标准。党的十九大报告指出，"要以培养担当民族复兴大任的时代新人为着眼点，强化教育引导、实践养成、制度保障，发挥社会主义核心价值观对国民教育、精神文明创建、精神文化产品创作生产传播的引领作用，把社会主义核心价值观融入社会发展各方面，转化为人们的情感认同和行为习惯。"这表明研究社会主义核心价值观不仅要解决"什么是"的问题，而且要解决"如何培育和践行"的问题。劳动模范是实践社会主义核心价值观最积极、最活跃的群体。通过弘扬劳模精神来培育和践行社会主义核心价值观，适应了社会主义市场经济发展的要求，适应了社会主义先进文化建设的要求，对于不断提高全体劳动者的综合素质，引领劳动者成长成才的基本途径，指明了努力方向，具有不可替代的重要作用。

一、社会主义核心价值观教育需要劳模精神

弘扬劳模精神就是在搭建传递社会主义核心价值体系的平台，形成有利于培育和践行社会主义核心价值观的生活情景和社会氛围，引导职工群众自我教育、自我提高。市场经济的发展，带来了社会生活的丰富多彩性，也产生了人们价值取向的多元性。然而，社会主义核心价值观必须占据人们价值取向的主导地位，只有这样，才有利于中国全面深化改革的推进，有利于为“两个一百年”奋斗目标凝心聚力。劳模精神与社会主义核心价值观一脉相承，是一种对职业、对社会、对国家的道德感、责任感和使命感，是引领时代新风的思想保证和精神动力；弘扬劳模精神，就是培育全社会劳动者的社会主义核心价值观，职工群众共同追求“富强、民主、文明、和谐”的国家发展目标，坚守“自由、平等、公正、法治”的社会价值取向，以“爱国、敬业、诚信、友善”为个人行为准则。

社会主义核心价值观是劳模精神的精神内核及其遵循的根本原则，是这个体系的精髓。弘扬劳模精神是建设和培育社会主义核心价值观的重要举措，两者是一个相辅相成、有机统一的过程。社会实践是社会主义核心价值观生成和发展的基础，群众认同是核心价值观落地生根的关键。鲜明的实践性和广泛的认同性是社会主义核心价值观的突出特色。在建设中国特色社会主义的历史背景下，只有立足中国特色社会主义伟大实践、回答实践提出的理论和现实问题的核心价值观，才会有合理的现实基础，才会被人们普遍接受。提炼、概括社会主义核心价值观，必须坚持以我们正在做的事情为中心，紧扣中国社会发展进步的主题，结合社会主义现代化建设的经验，反映人民群众的利益诉求和价值追求，使社会主义核心价值观能够推动社会理想的实现，得到广大人民群众的认同。劳模恰好具备上述特质，尤其近年来，随着中国特色社会主义事业的深入发展，随着各项宣传教育活动的不断深入，劳模精神已被广大人民群众广泛接受，在实践中显示了强大的生命力。

劳模精神能够激发出广大劳动者的劳动热情和创造活力。培育和践行社会主义核心价值观，既是促进社会全面进步的需要，也是实现人的全面发

展的需要。广大职工群众是真正的英雄，劳动者中蕴藏着无穷的智慧和力量。弘扬劳模精神体现了以人为本的理念，尊重职工群众的主体地位，善于发现劳动者中蕴藏的积极向上的思想精神，尊重了广大职工群众在思想意识、价值观念上的差异性，既鼓励先进，又照顾多数，充分运用了典型示范的方法，有针对性地解决职工群众的思想疑虑和困惑，因势利导、顺势而为，在尊重差异中扩大社会认同，在包容多样中形成思想共识。以劳模精神感召全社会，宣传劳动模范的感人事迹和工作业绩，有利于把巨大的精神力量转化为劳动者的工作动力，在自己的岗位上将本职工作做得更优秀。劳模精神是对社会主义核心价值观基本要求的凝练和升华，简洁、凝练地反映这个体系的本质，反映其精神内核和根本原则。

案　例

以“劳模精神”打造和谐车站

——上海火车站劳模培育纪实

2007 年 7 月的一天，上海火车站收到了一封饱含深情的感谢信，旅客汪君讲述了上海市劳模程薇和她的徒弟丛上珠以及“程薇服务台”十几年如一日为他这个残疾旅客送票上门的感人故事。

不仅如此，每逢节日，他们还会登门看望，嘘寒问暖，浓浓的关爱使他真切感受到和谐社会的温馨。

汪君在信中说：“在感谢程薇的同时，还要特别感谢她带出的优秀徒弟们！”近年来，上海站不仅注重劳模典型的选树，更着力培育“劳模精神”的传承者，车站劳模先进不断涌现，张庆桓、程薇、邹俊、董其浩等新老劳模交相辉映，成为上海站客运服务工作的带头人和引领者。正是有了一批又一批“劳模接班人”，劳模精神才会常树常新，呈现出万紫千红、百花齐放的喜人景象。

不断选树劳模

“新时代呼唤新劳模。”伴随着和谐铁路建设的深入推进，在充分发挥“老劳模”示范、引领作用的同时，上海站党政尤其注重新一代劳模的发现与培养，他们将视野投向生产一线，在职工中发掘好苗子、寻找闪光点，为他们提供展示自我的舞台。

售票车间售票员邹俊正是一位在生产一线成长起来的新时期劳模。1986年，18岁的邹俊走进了上海站客运车间，在客运员的岗位上一干就是16年，其间，年轻的邹俊认真钻研业务，不断扎实基本功，获得了原上海铁路分局技术练兵第一名；而且，她待人热情，积极主动为旅客排忧解难。为此，车站加大了对她的培养力度，并决定为她提供更适合的岗位。

2002年，为加强车站售票组力量，提升售票窗口服务质量，车站将包括邹俊在内的一批优秀同志调到了售票窗口。短短数月，邹俊便熟练掌握了售票技能，成为上海站小有名气的“三不倒”——问询问不倒、售票难不倒、业务考不倒，并多次荣获上海铁路局售票进款能手第一名、全能售票第一名。2006年，她更是连续4个季度蝉联上海站售票进款第一名。

在潜心钻研技能的同时，邹俊自创了“诚心、热心、耐心、用心”的“四心”服务法，得到了旅客和社会各界的肯定。经过不懈努力，她先后被评为路局优秀技能个人、路局五一劳动奖章获得者及先进生产（工作）者。2007年，她又荣获了上海市劳动模范荣誉称号。

人人争当劳模

“一枝独秀不是春，万紫千红春满园。”上海站发挥劳模辐射效应，立足培育劳模集体，不断激发车站全体干部职工的争先创优意识，使劳模称号成为全站职工的共同追求。

到过上海站的旅客都知道，张庆桓领衔的“张庆桓服务台”是他们有求必应的“及时雨”，不论是问询、投诉还是求助，都能得到及时、满意的答复。

张庆桓曾在车站安排下，拜全国劳模、上海市第一百货商店营业员马桂宁为师，学习他独创的“马派服务技艺”，提升了服务旅客的技能，车站还为张庆桓学习深造创造条件。正是这样的悉心培养，使张庆桓从一名初中毕业生逐步成长为拥有本科学历的新一代知识型劳模。

随着张庆桓年龄的增长，劳模品牌迎来了新老更替的关键时期，在车站有意识的选拔下，越来越多的优秀职工到“张庆桓服务台”锻炼学习。几年来，先后有30多位青年职工到服务台工作，并有5位客运员在劳模的悉心传授和帮助下成长为客运值班员，3 名职工被评为上海市“服务明星”。可以说，“张庆桓服务台”已成为“服务精英”迅速成长的摇篮。2007 年，“张庆桓服务台”被授予“2004—2006 年度上海市劳模集体”荣誉称号，上海站也荣获了由全国总工会颁发的五一劳动奖状。

二、劳模群体生动诠释了社会主义核心价值观

劳动模范立足岗位、辛勤劳动，以高度的主人翁责任感、卓越的劳动创造、忘我的拼搏奉献，在平凡的岗位上做出了不平凡的业绩，生动诠释了社会主义核心价值观的深刻内涵。

马克思认为，价值这个普遍的概念是从人们对待满足他们需要的外界物的关系中产生的。也就是说，价值是一种关系范畴，是用来表示主体与客体之间需要与满足关系的。对于主体而言，能够满足主体需要的客体属性，就是有价值的。价值观是价值主体在长期的工作和生活中形成的对于价值客体的总的根本性的看法，是一个长期形成的价值观念体系，具有鲜明的评判特征。价值观一旦形成，就成为人们立身处世的抉择依据。价值观的主体可以是一个人、一个国家、一个民族、一个企业，也可以是一个劳模群体。共同价值观决定了劳模的共同特征，劳动模范兢兢业业、甘于奉献的无私情怀彰显了“敬业”的价值观，他们用“敬业精神”体现着自己的爱国之情；社会各界对劳动模范的敬仰和激励也展现了“友善”的社会氛围，形式多样的回馈方式也鼓励着广大职工群众创先争优，共同为社会建设贡献自己的一份力量。

在社会主义市场经济条件下，劳模的共同价值观体现在政治价值属性、经济价值属性、社会价值属性、文化价值属性、伦理价值属性等五个方面，这五方面是社会主义核心价值观框架中国家、社会、个人三个层面价值取向的集中表达。

（一）劳模政治价值属性对社会主义核心价值观中“爱国”的诠释

劳模产生的时代不同，劳动内涵不同，但都具有明确的政治价值取向和政治责任感，劳模精神教育作为引领劳动者的价值信仰与认同、提升劳动者

的价值理想与精神境界的重要途径，肩负着历史使命和政治担当。中国劳模在创造物质文明的过程中，注重和参与社会主义精神文明建设，参与民主管理，并且能够团结和调动周围劳动者的积极性、主动性和创造性，共同为社会创造财富，为培育和弘扬社会主义核心价值观注入后发力量。

案　例

不忘自己成长的舞台

——上海市劳模、芯片专家李瑶

“五一”长假，联合基因集团上海博星基因芯片有限公司首席芯片专家李瑶的时间表依然安排得非常紧凑。除了手头的科研和必要的备课，这位家庭主妇还得补上平日里欠下的家务活，为一家老小烧一顿丰盛的晚餐，陪女儿上一次缺勤多日的钢琴课……她说，“其实我也很想外出旅游”，但太多的责任容不得她停下脚步去静心享受。

时间对于李瑶似乎永远不够用。事业上，她既是复旦大学生命科学学院的教授，又是民营科技企业的技术骨干，论责任，哪边都马虎不得；生活中，她是十几岁女儿的妈妈，又是同为大学教授的丈夫的妻子，论感情，谁都不能亏待。

于是，李瑶只能亏待自己。那年，一个“祖国需要”的越洋电话，让她放弃了美国的高薪和绿卡，提前回国。为了国内第一块基因芯片，她一头扎进图书馆和实验室，每天工作十几个小时，有时灵感上来了，半夜也会立即起身连夜研究。女儿大了，再忙，她都坚持早上骑车送她上学，晚上给家人烧饭，而自己常常就在拥挤的办公室里匆匆解决了午餐。有好几次，李瑶骑着骑着就把女儿带到了公司门口，因为一路上，她一心想的都是芯片。

1999 年 9 月，国内第一块基因芯片在联合基因诞生，这时距离李瑶回国仅半年时间。闻讯而来的美国微阵列芯片创始人之一马克·谢纳博士两次到公司交流参观，对于联合基因创下的“上海速度”表示惊叹：“要知道，这样的工作在国外至少要一年以上时间才能完成。”回国后，谢纳立即向国际基因组织发出举荐,建议即将召开的国际大会增加一个来自中国上海女学者的名额。

然而,很多人也许想不到,在此之前,生物芯片之于李瑶也只是“听说过”。从本科到博士,李瑶主攻的是植物遗传学。1997 年,刚刚做妈妈的李瑶抛下一岁多的女儿赴美从事分子生物学研究。而在 1999 年初,刚刚回国的她就被委以研发基因芯片的重任。李瑶说,当时的自己就是赶鸭子上架,因为基因芯片的项目缺一个合适的负责人。“其实,那时心里真是有点怕,从来没做过,不知道行不行。”虽然顶着这股心理压力,但李瑶成功了。

这些年,面对其他公司的高薪聘请,李瑶总是很满足地说:“钱我够用了,离开患难与共的同事我舍不得。”的确,在属于李瑶的世界里,生活可以很简单,但绝不能忘记自己成长的那片舞台。

(二) 劳模经济价值属性对对社会主义核心价值观中“富强”的诠释

劳模们自始至终都在不同的岗位上以主人翁的态度创造着重大的经济价值,是工人阶级的杰出代表,是行业技术创新的领头人,是企业的骨干力量和宝贵财富。在市场经济条件下,劳模是企业最宝贵的无形资产。一方面,劳模是先进生产力的代表,掌握着较高的职业技能,拥有一定的知识资本,运用劳模这一有利资源,能够为企业创造出更多的财富。除此之外,劳模还是劳动人民中的杰出者,劳模以他们自身的形象、奉献的精神为所在企业带来巨大的隐形价值,其影响力和感召力激励着其他劳动者在岗位上创造出更好的业绩。

案　例

“农民代表要服务农业和农民”

——全国种粮大户沈忠良

沈忠良是松江区叶榭镇金家村一位地地道道的农民。初中毕业后,正遇村里培养新生机手力量,沈忠良被安排在村农机队工作,成为一名农机作业手。在师傅的精心带教下，由于虚心好学，钻劲足，沈忠良不久即成为村农机作业的一把好手。2005 年开始，他正式向村里承包了 80 亩耕田，由于干一行爱一行，他在粮食生产实践中积累了丰富的生产经验。2007 年，沈忠良正式成为松江区第一批粮食作物家庭农场主，经营耕田 146 亩，2009 年被评为上海市劳模并获“全国种粮大户”称号，2011 年 11 月，他当选为松江区人大代表。“多做事，种好田”是他当选代表后对自己的一个基本要求。

为了种好田，沈忠良没有停止过对农业方面知识的学习和钻研，农机合作社的成立，也是为了提升村里的农业生产水平。合作社有 4 辆收割机，说起这些收割机，沈忠良夸它们是农民的好帮手，省了不少劳力。“科技不断发达，家庭农场主也应该学会机农结合的复合式农业经营。”在合作社里，几乎个个都会开收割机，沈忠良自己也是一名农机作业的好手，他说很希望以自己的能力带动村里的农民推广机农结合。

沈忠良还时常关心村民生产情况，哪家的田里有了害虫，哪家的收成不如往年，他都要刨根问底，找出原因，然后给予指导和帮助。他常说，自己富了，就有责任带领大家一起致富。

平时村民之间起矛盾或遇到问题和困难，大家的第一反应就是“找阿忠弟去”。由于他在村民中威信高，说话办事公正，大家对他都很信任。在调解或解决问题的过程中，只要听了“阿忠弟”的劝导，事情总会顺利解决。即使再不讲理的人，听了他的劝总会收敛起脾气，心悦诚服地接受。

当选为区人大代表后，沈忠良便养成了随身携带小本子的习惯，“平时在村里和大家聊天，我会做个有心人，听到什么都记一笔，及时了解村民的诉求”。如今，小本子上已经记了满满的大半本子。

参加区四届人大一次会议时，沈忠良提交了两条书面意见，分别反映农技服务人员青黄不接和到龄老年农民统一办理镇保的问题，意见得到了相关部门的高度重视并予以采纳。沈忠良说：“当上了人大代表，就要为大家做点实事。”如今的他，心里已经在思考着家庭农场出现的各种问题，计划着下次参加人代会时形成书面意见后提上去。

淳朴而真实，勤劳而无私，这是沈忠良为人的最大特点。正如他自己所说："我是一个农民，也是一个农民代表，就是要为农业服务，为农民服务，真正履行好作为人大代表的光荣职责。"

（三）劳模社会价值属性对社会主义核心价值观中"和谐""平等"的诠释

首先，劳动模范是构建创造和谐社会的主力军，这个群体立足本职岗位，以主人翁精神，爱岗敬业，无私奉献，为经济发展献计献策、出力流汗，为企业的技术进步、提高自主创新能力贡献聪明才智，他们以改革、发展、稳定大局为重，非常恰当地处理好了个人与集体、眼前利益与长远发展的关系，传递了勤奋劳动、诚实劳动可以造就个人事业的和谐理念，为构建和谐劳动关系营造了良好的社会风尚。

案　例

这里就是船民的"家"

——记上海市劳模集体、金山水务局张泾河水利枢纽管理站

张泾河水利枢纽是上海市水利重点工程之一，其 16 米宽的船闸是上海市水利系统目前最大的船闸。张泾河水利枢纽具有防汛排涝、水资源调度、运输船通航等功能。功能越多，对管理这个枢纽的金山水务局张泾河水利管理站的人员来说，责任就越大，艰苦性就越强。

管理站的职工们不畏困难，抱着"以一流争创事业辉煌"的信念，每天几十次来回于 400 多米长的船闸，哪里吃紧就奔向哪里，上船排挡，上船查票，说理教育，协调矛盾。他们磨破了嘴皮子，磨穿了鞋底子。出色的业绩，使他们获得了 2004—2006 年上海市劳模集体的光荣称号。

水利枢纽管理站虽然人不多，但却是每天都与船民打交道的窗口。为确保船只安全过闸，站里添置醒目的停船、助航标志等设施设备，安装高音喇叭，增设夜间照明路灯，定期对船闸航道断面进行测量清障，制订《船舶过闸管理规定》。利用电子显示屏显示、宣传标语警示、扩音设备提示等多种方法进行宣传，两年来该站无重大沉船、断航、火灾等人为事故。

为了改变外闸首处集中交费的现象，管理站投资 47 万元在闸室中间建造了新的收费房，将收费处改在闸室中间，缩短了船民交费距离与时间。同时在船闸现场设立了现场开票员岗位，现场核对船只，让船民一次性到收费室交费，真正方便了船民。

创建船民之家，是张泾河水利枢纽管理站受到船民交口赞誉的举措。服务实行五免费——免费提供饮用水、休息室、厕所、金山地图、常用药物。船民之家涌现出了许多好人好事。如开放工作桥大门，解决当地村民过江难问题；为患病船户提供应急药物；帮助抢救遇险货船金卫 5 号等。

为了提供一流服务，管理站的收费窗口实行“五公开”，统一执行全市过闸费征收标准，接受船民与社会监督，规范收费行为，实行计算机收费；调水窗口做到“五告知”，职工全部统一着装挂牌上岗，形成整齐、醒目的行业外观形象；服务窗口设立了意见箱，广泛征求群众建议，发放服务宣传手册，及时为过闸船户解决困难。

劳模集体的这些服务和管理措施为打造和谐水域作出了积极贡献，张泾河水利枢纽管理站也因此被誉为“船民的家”。

其次，经济增长的动力在于十八大以后提出的三个平等，对任何企业任何劳动者，都要施行权利平等、规则平等、机会平等，只有真正做到平等，未来的中国经济才会充满可持续性。人的差异性是一个客观前提，社会应该能够给予不同人群以机会的平等，不让差异性成为人为制造的不平等恶果。劳动模范大多出身平凡，但通过在各自平凡的岗位上为社会作出优异成绩和特殊贡献，一样能够获得政府肯定和社会认可。这让广大平凡的劳动者看到，无论职务、身份、社会地位如何，都有平等的劳动机会，享受平等的荣誉待遇。机会的平等成就的是权利的平等，从这个普遍意义上说，劳模的成功让普通劳动者看到权利平等、规则平等、机会平等的可能。

案　例

劳模“打工妹”获科技进步奖

朱雪芹来自江苏睢宁农村，1995年进入上海华日服装有限公司从事缝纫工作。靠自己的毅力，从一个缝纫工做起，到现在已是“统领”40名员工的副领班。

初进公司时，朱雪芹没有学历、毫无资历。她暗下决心，利用下班的时间，边工作边学习。小朱为自己立下了规矩：保证每天两小时的学习，争取考上高中夜校班。经过三年的努力，1997年，朱雪芹终于取得了高中学历。

在她的带动下，公司开辟了“相约星期四”读书平台，每周四晚上组织外来务工青年集中交流学习体会。这项活动从最初的七八人发展到现在的70多名员工。

裤子制作有几十道工序，在工厂里，她“偷学”别人的手艺。趁吃饭、下班的时候，留在车间里，摸索着使用别人的机器。好几次，她的指甲被针穿透，钻心地痛，但功夫不负有心人，她多次被评为优秀员工。

至今仍不会说上海话的朱雪芹却会说一口流利的日语，这是因为她曾被派到日本研修。在日本，她抓紧一切机会练日语。她跑到公司附近的一所小学，请求门卫放她进去学习。她的诚恳打动了门卫。朱雪芹找到了一群小学生，开门见山地问：“你们可以做我的老师吗？”看着眼前这个大龄“学生”，孩子们答应了。

一次，一位女工在工作时不慎将一枚断针掉在地上，不知去向。按照公司规定，必须停产搜寻。“有那么严重吗？”女工不解。“你知道吗？如果因为我们的疏忽，这根针到了客户的手上，客户可以索赔30万元。”小朱组织大家用吸铁石四处查找，终于找到了那根断针。

在朱雪芹的带领下，她所在的班组攻克技术难关，创造发明的80道精细工序操作规程和2 800秒出成品的分秒法，广泛应用在公司的服装生产上，还受到上海市技监局的高度评价。2003年，她与天津某科研单位共同研发的一款远红外线保健西裤，还获得上海市服装科技进步奖。

（四）劳模文化价值属性对社会主义核心价值观中“文明”“敬业”的诠释

新时期的劳模代表了我国当前新的劳动文化，这种文化同社会主义先进文化的前进方向是一致的，劳模的拼搏创新、爱岗敬业、真诚奉献精神是其重要内涵，新时期劳模新的文化价值属性向人们展现了社会主义核心价值观中“文明”“敬业”的内涵。

案 例

赤诚的心灵，使命般的责任
——全国教书育人楷模于漪

参与20多所教师专业发展学校的评审、领衔名师基地定期培训、指导制定上海“十二五”师资队伍建设规划……80多岁高龄依然铿锵行走、奋笔疾书、呼吁呐喊。于漪曾获“全国教书育人楷模”“2009年中国教育年度新闻人物”等诸多荣誉称号。她的教育理念、教育实践、教学改革等成为“一面鲜明的旗帜”，在全国产生了重大影响，为推动全国基础教育改革、发展作出了杰出的贡献。

一次，于漪正讲到课文中“一千万万颗行星”时，甲同学发问：“老师，‘万万’是什么意思?”那一刻全班同学哄堂大笑。甲同学满脸通红，垂头丧气地坐下。

于漪见状便问大家：“大家都知道‘万万’等于‘亿’，那么这里为何不用‘亿’而用‘万万’呢?”全体学生的注意力一下子被吸引过来，都认真地思考起来。

乙同学站起来答：“大概‘万万’比‘亿’读起来更加顺口吧。”

于漪表扬了乙同学，接着问：“大家还有没有不同的意见?”众学生沉默。于漪便顺着乙同学的答案总结了一下：“是汉语言的叠词叠韵之美影响了此处的用词。”接着，于漪又问了一句：“那么请大家想想，今天这一额外的课堂‘收获’是怎么来的呢？大家要感谢谁呢？请让我们用掌声表达对他的谢意。”

大家的目光一齐投向甲同学,并对着他鼓起掌来。此时,甲同学微笑着抬起了头,有了自信。

在长达58个春秋的教学生涯中,于漪老师留下了无数经典教案和闪烁着智慧与人格魅力的教育思想。熟悉于漪的人都知道,于漪在教学上从来不重复,即使是同一篇课文反复地教,也绝对不重复。面对如潮好评,她总是谦逊地说:“我上了一辈子课,教了一辈子语文,但还是上了一辈子深感遗憾的课。”

在她眼中,教育事业是培养下一代爱国者的事业,也是爱的事业。于漪老师常说:“教师应该在讲台上用生命歌唱,没有爱就没有教育,只有把爱播撒到学生的心中,学生心中才有你的位置。”于漪说:“教育是一项伟大的事业,一头挑着学生的今天,一头挑着国家的未来。”

平白朴实却又内涵丰厚的话语,道出了一位师者的坚守与追求。作为一名语文教师,她认为上课不是简单的技术性问题,它关系着每一个孩子的素质培养,因为学校培养的是国家的后代、民族的后代。教育是一项伟大的事业,面对孩子,于漪的心中充满了沉甸甸的责任。

她为母语的边缘化而痛心疾首,为功利化的课外作业挤占了学生的阅读时间而伤感。在一次研讨活动中,于漪忧心忡忡地说,新世纪中学生的心灵如同干涸的盐碱地,缺少精神养料。她大声疾呼:“不要让题海毁了孩子们。老师们要好好钻研学科的规律,将语文教学与民族精神教育、生命教育无缝对接,唤醒孩子青春的心灵……”

正因为如此,对于《上海市中长期教育改革和发展规划纲要(2010—2020年)》的核心理念——“为了每一个学生的终身发展”,于漪高度认同。她说,这是对急功近利教育行为的有力回击,将会起到积极的正面引导作用,“明天的国民素质取决于今天的教育质量。为了每一个学生的终身发展,正是着眼于全民族素质的提高”。

“怎样做好教师?”许多人都问过于漪老师这个问题。她的回答是:“教师要追求人格上的完美,身教重于言传。”于漪常说,她心中有“两把尺子”:一把尺子是量别人的长处,一把尺子是量自己的不足。在教学第一线时,她白天只要一有时间就会站在窗外,学习其他教师是怎么上课的;课堂上,她努力做到“要言不烦、一语中的”，每次都给自己做好“课堂废话记录”。甚至当学生提出一些刁难的问题时，于漪在解答完后还会将问题和解答一一记录下，标注解答后的感悟和遗憾。

一肩挑着学生的今天，一肩挑着国家的未来。有了这样强烈的使命感，于漪自觉维护着师道的尊严。她说：“我一辈子做教师，一辈子让自己的生命和我肩负的教书育人使命结伴同行。”站在为学生成长、为民族未来发展的高度，她铸起了伟大的师魂，自身也获得了崇高的人格力量。

（五）劳模伦理价值属性对社会主义核心价值观中“诚信”“友善”的诠释

劳模身上有着巨大的伦理道德感召力和精神力量，他们同时也是社会主义精神文明的模范和表率。劳动模范以自己的聪明才智和奉献精神为国家经济建设默默无闻作贡献，以自己的创造性劳动和取得的辉煌业绩推动着社会全面进步，以自己的崇高思想和先进事迹，为广大职工群众树立了学习的榜样和光辉的旗帜。

在社会主义市场经济下，诚信不仅是一种道德要求，一种用来评价人的基本尺度，而且是现代企业的一个黄金原则。企业的诚信建设，在根本上取决于员工个体的诚信、取决于员工的素质，建设一流的队伍是推动企业诚信体系建设的保证。劳模以其正直、善良、诚实、讲信用的美德为其所在企业树立了诚信的形象。

案　例

带领村民致富、依法诚信经营

——全国“十大村官”吴恩福

十八年前的九星村是上海的一个穷乡村，进村没有路，雨天烂泥塘，负债 1 780 万元，负债率达 84%。如今，在上海，到过九星村和九星综合市场的人们都会异口同声地发出由衷的赞叹：了不起。

是什么改变了九星村的命运？答案是一个决定，一个大力发展村级集体经济的决定,一个在九星这片热土上建造市场的决定。而帮助九星村下这个决定的人就是九星村老书记、上海九星控股(集团)有限公司董事长、全国劳动模范吴恩福。

九星地处市郊结合部,地少人多,农业、工业这两条路都被事实证明行不通,出路唯有发展第三产业、发展现代服务业。1994 年,吴恩福担任九星村党支部书记,提出了"市场兴村"的发展战略,带领村民群众尝试和探索停车场、农贸市场、养鸭场和红莘路小商品街合称的"三场一路",成立并发展九星综合市场,走上了"以市兴村、强村富民"的特色之路,并依托主业,发展衍生产业,相继成立了电子商务、小额贷款、融资担保、财务管理、旅游服务等公司,不断优化产业结构,壮大特色产业,让新老九星人共享改革发展的创新成果。

经过十多年坚持不懈的奋斗,到 2008 年,九星市场已成为一个拥有五金、灯饰、陶瓷、锁具、石材、钢材、电器、型材、汽配、家具、窗帘、玻璃、茶叶、胶合板、防盗门、不锈钢、菜市场、水产等 27 大类 255 种品牌商品,上海市规模最大的一站式购物市场航母,成为成千上万经营者大显身手、谋发展求发财的黄金宝地,进而激活带动整个长三角地区建筑和建材产业链的发展。

深谙发展之道的吴恩福明白,创办市场不易,管好市场更难。吴恩福常说:"办好市场像种田一样,三分种七分管。"他亲自担任了 2005、2006、2008、2009 年版《九星市场规范管理工作手册》主编,不断完善和强化各项管理制度,实现市场标准化、规范化、程序化,组建市场质量管理网、消费者投诉调解管理网、综合治理网、消防安全管理网、环境卫生管理网、市场商情网等十多张覆盖全市场的管理网络,注重商品质量管理、打击假冒伪劣商品、严把质量关。

良好的购物经营环境,使全国各地的商户纷至沓来,消费者慕名而来。如今的九星市场治安稳定,环境温馨,商店橱窗透亮,商品琳琅满目,处处充满生机与活力。在九星市场,有 22 家经营户被评为"全国文明诚信商户",堪称现代服务业繁荣兴旺的典范。

九星的巨变,是吴恩福带领九星人不懈努力、拼搏奋斗得来的;是他确立"招商、安商、养商、富商"的宗旨,遵循"让经营户和市场一起成长,让市场和经营户一起发展"的服务理念，聚精会神建市场、一心一意谋发展得来的。"全国文明诚信市场""AAAA级全国名牌市场"，九星市场的荣誉接踵而来。2008年4月，在北京人民大会堂，九星市场被授予"全国商品交易市场系统先进单位"称号，吴恩福也荣获"全国商品交易市场系统优秀管理者"光荣称号。

第三节 时代新风与新时代劳模的特质

2014年4月30日，习近平总书记在乌鲁木齐接见劳动模范和先进工作者、先进人物代表时发表重要讲话强调，"我们要在全社会大力弘扬劳动光荣、知识崇高、人才宝贵、创造伟大的时代新风，促使全体社会成员弘扬劳动精神，推动全社会热爱劳动、投身劳动、爱岗敬业，为改革开放和社会主义现代化建设贡献智慧和力量。劳动模范和先进工作者、先进人物不仅自己要做好工作，而且要身体力行向全社会传播劳动精神和劳动观念，让勤奋做事、勤勉为人、勤劳致富在全社会蔚然成风……为祖国发展培养一代又一代勤于劳动、善于劳动的高素质劳动者。"①

党的十九大报告中，习近平同志作出了关于"中国特色社会主义进入了新时代"的重大政治判断，这个新时代，是承前启后、继往开来、在新的历史条件下继续取得中国特色社会主义伟大胜利的时代，是全体中华儿女勠力同心、奋力实现中华民族伟大复兴中国梦的时代。一个时代的前进，需要一种奋发向上的追求。在不断涌现出的劳动模范和先进人物中体现出来的劳模精神，是推动时代前进发展的动力源泉，是改革创新的时代精神体现。劳模作为一个时代的符号，激励着一代又一代劳动者为国家的繁荣富强而拼搏，他们是推进中国先进生产力和先进文化发展的代表；劳模所体现出来的"爱岗敬业、无私奉献"的精神是不变的，而时代所赋予其新的内涵则会让其

---

① 人民网：《习近平谈劳动：最光荣、最崇高、最伟大、最美丽》http://cpc.people.com.cn/n1/2019/0501/c164113-31060895-2.html

成为一个时代当之无愧的领跑者。劳模精神实际上折射出一个时代的人文精神,反映出一个民族在某个时代的人生价值和思想道德取向,简洁而深刻地展示着一个时代的人之精神的演进与发展,体现着一个民族的时代思想与情愫。劳动模范已成为社会最具有时代精神的公共人物,时代的进步需要劳模精神的支撑。

继承和弘扬劳模精神是与新时代新的历史节点相适应的,在实现中华民族伟大复兴的历史征程中,必须"建设知识型、技能型、创新型劳动者大军,弘扬劳模精神和工匠精神,营造劳动光荣的社会风尚和精益求精的敬业风气"。劳模精神为"中国制造"走向"中国智造",提供了重要的思想资源和强大的精神动力,继承和弘扬劳模精神有利于践行新常态下"创新、协调、绿色、开放、共享"五大发展理念。精益求精、严谨务实的劳模精神,有利于供给侧结构性改革,为生产发展提供智力支持,有利于产业结构升级,实现从速度到效益和质量的转换。劳模精神蕴含着向善的价值追求、尚巧的创新精神、求精的工作态度和道技合一的人生理想,继承和弘扬劳模精神有利于用道德精神推进人的发展,实现从物的现代化过渡到人的现代化。

一、时代进步离不开劳动的创造

伟大的时代需要伟大的精神,伟大的精神要靠劳动创造去体现。人类文明发展的历史,就是一部劳动创造文明的历史。劳动创造了人本身,成为人类生活的第一个基本条件。马克思关于人的本质的揭示有三个层面:人的类本质——劳动,人的群体本质——社会关系,人的个体本质——需要。人的需要驱使人必须去劳动、实践,人们又在改造自然的实践中结成一定的社会关系,劳动形式和社会关系的丰富性决定人的个性和能力的发展程度和需要层次的提升程度。人的本质规定了人发展的特定内涵,人的自由全面发展就是人的劳动能力、社会关系和个体素质三方面的自由全面发展。劳动是创造价值的活动和生产财富的源泉,民族的生存发展、兴旺发达,终究要依赖各种形式的劳动生产、劳动创造。无论当今时代科学技术如何飞跃,知识经济如何凸显,生产要素如何组合,都只是劳动形式、劳动对象、劳动内涵的现代演变,都不能改变马克思主义关于人类依靠劳动、劳动标志人的本质、劳动创造价值的基本观点。劳动者是劳动的主体，劳模处处流露着主人翁的责任感和艰苦创业的精神，他们以忘我的劳动热情、良好的职业道德，爱岗敬业、无私奉献，书写着“劳动者”三个字的深层含义。

劳动是财富的源泉，也是幸福的源泉，生命里的一切辉煌，只有通过诚实劳动才能铸就。当下中国，面对多元多样多变的价值观和人生道路的选择，劳模的成就之路给了我们以劳动为生存之基、立身之本的正确导向。社会需要劳模的炽热劳动情怀，劳模能够引领社会大众树立正确的劳动观，感染其他劳动者爱岗敬业、勤奋工作。

案　例

专攻“高精尖”难题的蓝领

——全国劳模、上海市基础工程公司电工组长陆凯忠

这几天正值“五一”长假，但对陆凯忠来说，休息的概念却不存在。因为没有买到火车票，5 月 1 日下午 3 时许，他赶到铁路上海站北广场的长途客运总站，登上了开往宁波的长途班车，晚上 7 点多钟到达宁波后，又乘上公交车赶到目的地——北仑电厂。

5 月 2 日，他投入到这里的循环水泵房项目中，没有他的现场布局，接下来的工程就没法安排。他要一直干到 10 日，待基础工程完成后才回上海。

这就是陆凯忠的“五一”安排。在妻子眼里，他是一个不折不扣的工作狂。他常年辗转于各个工地，一身工作服、一身油腻，身背电工包，在现场到处转。“盾构电气百事通”的头衔可不是虚有其名的。

1991 年，陆凯忠从上海建工技校毕业来到上海市基础工程公司，当上了一名普通的电气工人。陆凯忠很快就发现，面对“高、精、尖”专业施工和非常规工程难题时，技校所学的知识根本不够用，特别是随着上海地铁的超规模发展，面对进口盾构机，他只能在旁边从事最简单的劳动，碰到大小故障都要等外国专家来解决。这一切深深触动了自尊心极强的陆凯忠，他从此确定了自己生命的坐标：要做一个技艺精湛、让天下人刮目相看的“知识化、

智能型技术工人”。

从此，他捧起了枯燥乏味的专业书籍，竭力将那点点滴滴的理论像串珍珠项链般串起来。1999年，他以优异的成绩从上海理工大学机电一体化专业毕业。2003年，经社会考评，他获得技师职称，这一年他才31岁。

1997年刚进2号线东方路项目部时，陆凯忠对盾构机不了解，但他一直很好学，没过多久，到建设8号线时就能提出和解决被大家称为行家级别的专业问题了。盾构机初始掘进后，经常出现螺旋机油压上限报警信号，致使盾构机自动停机，影响了施工正常进行。为此，陆凯忠对液压管路进行了核对，发现唯一的问题就是油压超过了设定压力。要提高设定值，操作手册明确规定不允许。是否手册编写有误？他查找了有关资料，通过一连串的科学分析和精确演算，得出了螺旋机的压力和流量技术参数有误的判断。最后，制定技术标准的日方专家信服了，签字确认把原定螺旋机压力17 Mpa改为25 Mpa，从而使盾构机顺利掘进。

风雨兼程十几载，陆凯忠在盾构电气方面的造诣与日俱增，也获得了各种荣誉：“自学成才、爱岗敬业的优秀技术工人”、全国五一劳动奖章、全国劳动模范等。然而，始终让他牵肠挂肚的是，如何和朝夕相处的同伴们一起进步。他不断梳理自己的思路，总结提炼自己从事盾构施工积累的经验，编制出近十万字的《盾构机电气》资料，为公司电气操作工提供了培训教学大纲。他说，希望多带一些徒弟出来，看到工友们个个身怀绝技与自己并肩作战，他觉得这是人生一种莫大的享受！

二、劳模是时代的精神符号和力量化身

劳模是时代的领跑者，勤奋做事、勤勉为人、勤劳致富，塑造着劳动光荣、知识崇高、人才宝贵、创造伟大的时代新风。劳动模范的事迹之所以能够在国内引起强烈反响，是因为劳动模范的人格具有时代的感召力。劳动模范是全面建设小康社会的具有社会良知和担当的觉悟者，是共产党人为人民服务实践哲学的践行者，是老百姓利益的维护者、实现者、发展者，是时代精神的最新符号。劳动模范身上既有崇高职业理想，也有共产党人的美

好思想品德;既有知识分子铁肩担道义的价值取向,也有党员干部与人民打成一片的公仆情怀。劳动模范的世界观、价值观和人生观反映了中国特色社会主义的本质要求,也折射出建设社会主义饱满的精神状态。无论是"铁人精神"还是"振超频率",无论是"埋头苦干"还是"创新劳动",劳模为集体作贡献,为国家创造社会效益及经济效益的本质没有变,他们的行为激励带动了无数职工群众的不懈追求,他们的思想影响主导了几代人的价值取向。

在我国革命、建设、改革各个历史时期涌现出来的劳动模范人物,以及他们的先进事迹、优秀品质,特别是在艰苦创业中孕育而成的伟大的劳模精神,教育激励着一代又一代人们为社会主义现代化建设不懈奋斗,为国家发展、民族振兴、人民幸福建立了卓越功勋。在革命战争年代,被誉为"边区一面旗帜"的赵占魁、"兵工事业开拓者"的吴运铎等劳动模范的先进事迹和崇高品质,集中体现了以"新的劳动态度对待新的劳动"的社会主义劳动精神;新中国成立之初,闻名全国的"孟泰精神",树立了工人阶级强烈的主人翁责任感,表现出艰苦创业、勤俭节约的高尚情操;社会主义建设时期,铁人王进喜的模范事迹集中体现了中国工人阶级为国争光、为民族争气的爱国主义精神,独立自主、自力更生的艰苦创业精神,胸怀全局、为国分忧的奉献精神;改革开放以来,蒋筑英、徐虎、李素丽等模范人物的先进事迹体现了解放思想、实事求是、勇于创新、务求实效的时代精神。总之,在中国革命、建设、改革的每一历史阶段,都有千千万万劳模的礼赞;中国特色社会主义建设取得的每一项巨大成就,都凝聚了广大劳模卓越的劳动创造。

案 例

坚守宝钢的技能专家王康健成"冷轧第一人"

王康健是宝钢股份冷轧厂轧钢技能专家,被授予宝钢工人发明家、上海市工人发明家,全国五一劳动奖章、中央企业劳模等荣誉称号,以他个人名字命名的国家技能大师工作室和上海市技能大师室,已成为冷轧轧制领域具有一定知名度的技术创新团队。王康健拥有专利 94 项、技术秘密 145 项,创造效益累计超 5.5 亿。

宝钢于 1978 年在宝山打下第一根桩。1979 年，王康健进入宝钢干冷轧，加上之前在上钢十厂的几年，这一行一干就是几十年。当年同一批进冷轧厂的，有的出去了，有的提拔了，有的退休了，如今还留守的，只有王康健一人。

20 世纪 90 年代中期，王康健当上宝钢冷轧厂副厂长，干了五六年的行政职务。可后来，他还是选择回到最熟悉的生产线，一头钻进最喜欢琢磨的冷轧技术。当一手带出的徒弟当上厂长时，他还是一名“蓝领工人”。

他坦言当年不当副厂长后，心里有过失落。可现在回头看，全国钢铁行业有数不清的厂长副厂长，冷轧领域中，却只有一个王康健。

王康健曾多次得奖，他作为技术工人代表，拿奖拿到手软：冶金行业科学技术进步奖特等奖、国家科技进步一等奖，第十七届全国发明展览会金奖……这么多奖中，王康健说他最看重的是 2008 年的中华技能大奖。一方面这个是对技术工人的最高肯定，能享受国家特殊津贴；另一方面，2008 年之前，他确实没拿过什么奖，当厚厚的事迹材料送到评奖部门时，人们很惊讶，这样一位了不起的工人发明家，竟然一直默默无闻。

一次次获奖，王康健靠的不是突然的重大创新、一两次突破发明，评委们看到，他的创新事迹从来没有中断过，用“厚积薄发”4 个字形容再恰当不过。

有一个故事在王康健的事迹里被提到很多次。一天下班后，他回到家和太太一起擀饺子皮，突然间像被苹果砸中脑袋，定格在原地。随即他扔下擀面杖和惊呆的太太，跑回车间，用擀面杖中得来的灵感攻破了制罐用钢冷轧环节的一大难题。

王康健的创新故事很多，这个特别生动，但大多数却艰涩难懂。不是老王不擅表达，而是生产线上的事太专业了，宝钢研究院专家也叹服：如果没有冷轧厂技术专家出色的技术，他们的理论设计再精妙，也落不了地、变不成现实的产品。

作为一名蓝领工人，哪怕是再敬业的技术专家，几十年守在车间，围着枯燥的流水线转，不会生厌吗？王康健认为，生厌、离开都是再正常不过的事,特别是现在充满变化和机会的社会环境,除非对做的事情有独钟,否则很难坚守。

“可我58岁了,还是觉得事情一桩接着一桩,想做、要做的事总是没个完。”王康健说,这和自己的脾气有关,也受企业文化影响,“在宝钢,从上到下永远有种技术危机感,现在技术带来的产品销路再好,也会担心明天怎么办。”在这种危机感下,研究院里的专家半夜会做着课题梦醒来;车间里的技术工人也会感到流水线不是固定和封闭的,而是通往未来的“思想通道”。

2014年一季度钢铁低迷持续,全国钢铁行业亏损23亿元,宝钢盈利了21亿元,业内评价宝钢一家赚完了全国钢铁界的钱。看看宝钢卖得最好的汽车板就能明白,不仅市场占有率高,卖得还比别人贵。王康健解释,现在“坐享利润”的汽车板是前几年提前研发的结果。在宝钢,从科研人员到一线技术工人,大家目标一致,眼前的事做好,把更多精力腾出来为未来服务。“当产品和技术领先到一定程度时,市场总会是你的。”

三、劳动的新变化新特点使劳模精神蕴含新特质

自1950年我国实施劳模评选制度至今,社会急速变迁,劳模评选的标准、范围不断变化。社会时代特征构成劳模产生的时代背景,当代中国社会劳动的新变化和新特点主要体现在三个方面:商品价值创造由体力劳动为主转变为以脑力劳动为主;科学劳动对生产和经济生活起着越来越重要的作用;由精神劳动生产的精神产品得到了广泛的发展和使用。这种转变是与新中国初期从农业、封闭的自足社会向工业现代化社会转变并逐步向世界开放的过程合拍的。从倪志福、时传祥、张秉贵、郝建秀、裔式娟等老一辈劳模,到徐虎、王选、袁隆平、李素丽、许振超、郭明义等新一代劳模身上,都带有不同时代的烙印,都体现了一个劳动者的时代价值。劳模们一个个闪光的名字,见证了时代发展的印记;劳模群体的多元化,开启了劳模精神传承的新篇章。

2010年,北京市为推荐评选劳模而出台了相关文件,其中,在京连续工作满三年的外籍劳动者也可参评,这预示着在首都工作的数以万计的外籍

劳动者有了当选"洋劳模"的机会,这一规定在海内外媒体引起了广泛关注。

外籍劳动者可参选劳模,这充分体现了发展中的中国对劳动价值的尊重,体现了开放中的中国对人才的关爱,体现了中华民族的包容之心,同时也凸显了这次劳模评选所具有的时代意义。

今天的世界,已经走向经济、文化和科技相互交流融合的时代。对待新中国成立后我们延续下来的劳模评选条件以及所创造出来的劳模精神的认识,要以人为本、与时俱进,用发展的眼光去正确看待和认识它。

今日的中国已经成为世界舞台上的主角,有无数外国友人为新中国的建设事业,尤其为中国的改革开放、对外交流和融入世界作出了突出的贡献。众多的外国劳动者在中华大地上对中国的社会发展和建设在默默耕耘、无私奉献,他们中的许多人已经将中国看成了第二故乡,这些人的劳动理应得到我们的尊重,理应得到社会的认可。

只要我们站在世界舞台,以科学发展的眼光和包容之心看待外籍劳动者参选劳模的新举措就不难发现,这体现了改革开放的中国人的道德观念的变革,体现了改革开放的中国对外籍劳动者的包容和善待,体现了改革开放的中国对外籍劳动者的劳动价值的尊重。

相信随着外籍劳动者的参评,会有许多外籍劳动者成为受人尊重的劳动模范。劳模评选,这一体现尊崇劳动和文明发展理念的活动,定会走向世界,成为体现人类劳动价值和劳动精神的世界金字招牌。

2010年,"外来工"和"老外"成为北京劳模,这让我们看到了劳模群体多样化的时代趋势,更让我们看到劳模所体现出来的社会价值是一个时代的文明,劳模精神所表现出的劳动光荣、知识崇高、人才宝贵、创造伟大的价值观丰富了世界文化的内涵。我们弘扬劳模精神,营造积极的社会氛围,动员和激励人民聚精会神搞建设,一心一意谋发展,共创人类的文明,这不仅是构建和谐中国的需要,也应该是世界各族人民的共同需要。

参 考 文 献

[1] 艾君. 劳模精神引领时代精神[J]. 工会博览,2013(4).
[2] 本刊记者. 上海市总工会大力推动企业建立"劳模创新工作室"[J],中国职工教育,2012,(13).
[3] 曹树武,曹锦阳. 试论以人为本的现代企业管理模式与运作方式及其有效[J]. 经济研究导刊,2013(5).
[4] 陈勇. 劳模文化的社会效应及其价值趋向[J]. 中国劳动关系学院学报,2005(6).
[5] 江泽民. 在全国宣传工作会议上的讲话[N]. 人民日报,1994 - 03 - 07.
[6] 雷德志. 中华民族传统美德概论[M]. 人民出版社,1996.
[7] 李华,许晶. 我国劳动者素质现状、评价及其对策[J]. 中国科技论坛,2012(10).
[8] 李宗桂. 文化的先进性与文化建设的基本目标[J]. 学术研究,2000(8).
[9] 刘维涛. 让工匠精神涵养时代气质——弘扬工匠精神大家谈[N],人民日报,2016 - 06 - 21.
[10] 吕凤秀. 创新打开增长之锁[J],时事:高中版,2017(4).
[11] 毛泽东. 毛泽东选集[M]. 人民出版社,1991.
[12] [美]查尔斯·林德布洛姆. 政治与市场:世界的政治一经济制度[M]. 王逸舟,译. 上海三联书店,1995.
[13] [美]马克·塞尔登. 革命中的中国:延安道路[M]. 魏晓明,冯崇义,译. 北京:社会科学文献出版社,2002.
[14] [美]塞缪尔·亨廷顿. 现代化理论与历史经验的再探索[M]. 张景明,译. 上海译文出版社,1996.
[15] 苗春凤. 当代中国社会树典型活动的文化传统探析. 河南大学学报(社会科学版). 2011(11).
[16] 潘军. 从马克思劳动价值论看新时期劳动模范的价值和内涵[J],社会主义研究,2007,(3).
[17] 潘玉腾、陈赵阳. 中国共产党先进典型教育的历史考察及经验启示——兼论增进社会主义核心价值体系认同[J]. 福建师范大学学报(哲学社会科学版),2011(3).
[18] 齐燕庆. 中国劳模现象的历史及其沿革[J]. 理论前沿,1996(9).
[19] 启瑄. 提升文化自觉,增强文化自信,实现文化自强——学习党的十七届六中全会

《决定》几点体会[J]. 红旗文稿,2012(5).
[20] 陕甘宁边区财政经济史编写组,陕西省档案馆. 抗日战争时期陕甘宁边区财政经济史料摘编[M]. 陕西人民出版社,1981.
[21] 陕西省档案馆. 陕甘宁边区政府文件选编[M]. 档案出版社,1986.
[22] 石友蓉. 新经济时代人力资本对企业可持续发展的影响[J],当代经济,2007(8).
[23] 王澜. 企业技术创新与产业发展[D],武汉:华中师范大学,2011.
[24] 王智. 晋西北抗日根据地劳动英模群体研究[D]. 山西大学,2011.
[25] 魏浩,郭也. 中国制药业单位劳动力成本及其国际比较研究[J]. 统计研究,2013(8).
[26] 晓航. 劳模,感动中国五十年[N],羊城晚报,2005-05-01.
[27] 延安市志编纂委员会. 延安革命根据地志[M]. 陕西人民出版社,1994.
[28] [英]塞缪尔·斯迈尔斯. 品格的力量[M]. 刘曙光. 译. 北京图书馆出版社,1999.
[29] 游正林. 我国职工劳模评选表彰制度初探[J]. 社会学研究,1997(6).
[30] 张萃萍. 敬业精神:社会发展的内在精神动力[J]. 社会科学,2002(6).
[31] 张明师. 新制度下的新模范:1950年英模群体的特征及其时代意义[J]. 河南师范大学学报(哲学社会科学版),2011(1).
[32] 中共中央马克思恩格斯列宁斯大林著作编译局. 列宁全集[M]. 人民出版社,1987.
[33] 中共中央马克思恩格斯列宁斯大林著作编译局. 马克思恩格斯选集[M]. 人民出版社,1995.
[34] 中共中央宣传部. 习近平总书记系列重要讲话读本[M]. 学习出版社,2016.
[35] 中央苏区工人运动史征稿写作小组. 中央革命根据地工人运动史[M]. 改革出版社,1989.
[36] 周悦,周妍. 论企业文化在企业管理中发挥的作用[J],统计与管理,2014,(12).